AF481808

Elisabeth MALEZIEUX-MBANA

HISTOIRES D'ENTREPRISES

Ces réalités qui vous font grandir

MALEZIEUX EDITIONS

HISTOIRES D'ENTREPRISES
Ces réalités qui vous font grandir

© MALEZIEUX-MBANA, Décembre 2020
Collection Point de Vue Opérationnel (PVO)
ISBN : 979-10-96946-02-0
Rédaction : Elisabeth MALEZIEUX-MBANA
Relecture : Anne-Laure Natacha MBANA et Olivier MALEZIEUX
Mise en page édition : Olivier MALEZIEUX
Graphisme couverture : Elisabeth MALEZIEUX-MBANA
Site Internet : https://emalezieux-consulting.fr

MALEZIEUX EDITIONS
Les Plaines
63160 Montmorin

REMERCIEMENTS

A

Mes parents Mélanie et Joseph Essomba

Anne-Laure Natacha Mbana et Olivier Malézieux

Ma famille et mes amis

Mes diverses rencontres professionnelles

MEME AUTEURE

« Dirigeants, Managers, Collaborateurs, ces parasites qui vous nuisent au travail »

Publié sur Amazon.fr, Amazon.com

TABLE DES MATIERES

GENESE DU LIVRE

■ *« J'ai toujours été fascinée par l'entreprise, en particulier dans ce qu'elle a d'opérationnel. En réalité, j'aime l'action.*

Au fil des ans, j'ai ainsi pénétré le cœur des entreprises, mené avec elles des actions de terrain et partagé avec dirigeants, managers et équipes, des vécus qui méritent votre attention. »

Les histoires d'entreprises ici contées, sont extraites de l'ouvrage : « Dirigeants, Managers, Collaborateurs, ces parasites qui vous nuisent au travail ». Il s'agit d'une compilation de quarante-deux histoires, organisées en vingt-huit chapitres, dont certains regroupant plusieurs histoires. L'encart gris en guise de conclusion à la fin des chapitres, vous présente les points essentiels à retenir.

■ Ces histoires sont riches en leçons de vie au travail, mais aussi en leçons de vie tout court. Basées sur des faits réels, elles vous montrent les comportements à encourager et ceux à proscrire.

Elles vous insufflent la prudence nécessaire pour contourner les difficultés et vous mettent aussi en garde que rien ne reste impuni en entreprise.

Elles vous démontrent, A) qu'il est toujours possible de trouver une solution face à l'embarras et de l'aide en cas de détresse. B) Qu'une attitude bienveillante et un « savoir-dire » respectueux en toutes circonstances, suffisent à impulser un changement de comportement durable et un niveau d'adhésion et de performance plus élevé…

▪ Quoi de plus enrichissant que d'apprendre à travers les autres ! D'où l'idée de ce recueil d'histoires. Vous verrez à quel point c'est instructif.

« Histoires d'entreprises, ces réalités qui vous font grandir », s'adresse à tous (dirigeants, managers, collaborateurs, futurs managers, étudiants). Il vous offre de solides ancrages pour rectifier votre positionnement et agir autrement ; ouvrant sans aucun doute, la porte vers un vécu plus serein au travail et une plus grande efficacité.

A vous d'en tirer ce qui peut vous être véritablement utile, à vous personnellement, à vos collègues, vos collaborateurs et à votre entreprise.

HISTOIRES D'ENTREPRISES

Les histoires relatées ici sont inspirées de situations réellement vécues en entreprise, les dialogues retranscrits aussi fidèlement que possible. Seuls, les lieux et les noms ont été changés.

Les failles du
« parler entre deux portes »

Le cas de John, directeur d'un magasin

En revenant de la grande réunion de rentrée qui a lieu chaque année à Paris, John le directeur du magasin, s'arrête au bureau de Mathieu. Il entrouvre la porte et reste dans l'entrebâillement :

— Mathieu, il va falloir mettre les bouchées doubles et remonter le C.A. de 50% ! Ça tonne à Paris, ils ne sont pas du tout contents de nous !

Puis, il s'arrête dans trois autres bureaux et tient les mêmes propos.

Le lendemain, Mathieu, Chef du secteur produits ménagers et titulaire d'un BTS spécialisation grande distribution, arrivé dans l'entreprise il y a juste deux mois s'en va le voir :

—... John, c'est au sujet de ce que tu as dit hier. Je pense qu'il serait préférable de nous réunir pour en parler et voir tous ensemble comment nous organiser.

— Faites sans moi, je n'ai pas le temps. Je dois retourner à Paris demain. Je vous ai demandé de secouer vos équipes. C'est tout.

— Oui, oui, tu l'as bien dit. Si chacun doit « secouer son équipe », il faut au moins qu'on sache ce que tu entends par là. C'est pourquoi cette réunion est importante.

— Je suis vraiment très occupé. Je n'ai pas le temps.

— Dans ce cas, je crains qu'on soit un peu mal barré.

— Ne sois pas si pessimiste ! Tes collègues et toi devrez juste faire ce que je vous ai dit.

Le téléphone sonne. Mathieu est obligé de s'en aller. Tandis que John parait soulagé. Pas rassurant du tout ! Se dit intérieurement Mathieu en quittant les lieux. Il s'en va de ce pas voir un premier collègue :

***

— *Tu as compris quelque chose à ce qu'il a dit hier ?*

— *Oui, qu'il va falloir se secouer, ça tonne à Paris.*

— *Et d'après toi, qu'est-ce qu'il entend par là ?*

— *Qu'il faut les surveiller, ne rien lâcher, ne pas hésiter à gueuler fort...*

— *Ah ! Et alors ?*

— *C'est la panique totale. Je suis obligé de prendre sur moi, ce n'est pas mon fonctionnement habituel. Et toi ?*

— *Je réfléchis encore.*

— *Alors, réfléchis vite, si tu ne veux pas avoir de problème.*

Mathieu rentre dans le bureau juste à côté.

— *Dis, qu'est-ce qu'il a voulu dire hier ?*

— *Qu'il faut leur mettre des coups de pied au cul, qu'ils sont des bons à rien et que c'est notre faute. On les a laissés faire et maintenant, nous risquons de perdre notre boulot !*

— *Waouh !*

Et Mathieu s'en va voir le suivant :

—*Hé ! Tu as compris quelque chose à ce qu'il a dit hier ?*

— Oui ! Que nous avons de mauvais résultats et que si ça continue, ils vont fermer le magasin. J'ai déjà prévenu l'équipe.

— Et alors ?

— Ils sont très mal. Tu sais bien que ce n'est pas facile de trouver un boulot en ce moment. Je connais Untel et Untel qui sont au chômage depuis plus de six mois et en plus avec des enfants, comme pratiquement nous tous... Et toi, tu comptes faire quoi ?

— J'ai une idée. Il nous faut juste trouver la bonne façon de faire.

— Comment ? Tu sais bien qu'il ne faut rien attendre de plus de John. Il est toujours fourré en réunion. Je me demande d'ailleurs quand il travaille !

— Figures toi que je l'ai vu juste avant qu'il parte. Il n'a effectivement pas le temps. Je suis de ton avis. C'est donc à nous de nous débrouiller.

— Comment ?

— Ce n'est certainement pas en perturbant nos équipes. Je vais retourner le voir et lui proposer, vu l'urgence, de trouver une aide extérieure. Je connais quelqu'un qui venait dans mon ancienne boîte et qui pourrait peut-être nous aider...

— Et tu es sûr que cette personne fera l'affaire ?

— Je pense que oui si John est d'accord avec l'idée.

— Bien ! Tu iras le lui dire quand ? N'oublie surtout pas que ça urge.

— Dès qu'il revient.

— Il va certainement accepter, dès lors que ça n'empiète pas son temps de réunion à la capitale.

Des propos suivis d'une imitation fort théâtrale du directeur. Eclats de rire ! …

***

… En fin de semaine, au bureau de John :

— Tu as une minute ? Dit Mathieu.

— Entre !

— Je ne serai pas long. C'est juste pour te dire que j'ai bien réfléchi et je pense que pour y arriver dans les délais, il nous faut une aide extérieure.

— Je t'écoute !

— Je connais quelqu'un qui peut nous être très utile… Honnêtement, je pense que nous avons peu de choix. En ce moment, c'est la panique partout et ça n'arrange pas les choses.

— Pourquoi la panique ?

— Les gens ont compris qu'ils vont bientôt perdre leur emploi…

— Oh là ! On n'en est pas encore là…

— C'est pourtant ce que tout le monde croit.

— Bon d'accord ! Vois avec ton contact et tiens-moi au courant. Je vous laisse, tes collègues et toi, vous en occuper. Mais rassure-moi : ton plan n'est pas foireux ?

— Non, il n'est pas foireux.

— *Dans ce cas, vous avez ma confiance. Je vous donne carte blanche, mais attention ! Soyez raisonnable et ne me décevez surtout pas.*

... Le même jour, dans la petite salle de réunion en fin d'après-midi :

— *Alors ?* Demandent les collègues à Mathieu.

— *Ça y est ! On aura quelqu'un pour nous aider. Du moins, il est d'accord sur le principe.*

— *Il vient quand ?*

— *Lundi. Et c'est plutôt elle.*

... Ce lundi-là, dans la salle de réunion :

—*... Il faut avant tout voir exactement où en est la situation dans l'ensemble. Pour cela, j'aurais besoin d'informations. Vous pensez pouvoir me les trouver ?*

— *Aucun souci. Le directeur a dit de vous donner tout ce qui vous sera utile. Je contacterai les différents services dès demain.*

***

... Une analyse croisée des informations oralement récoltées et de divers documents, permit de mettre en exergue les points forts et les faiblesses du magasin. Le plus gros travail étant à faire au rayon produits ménagers, le plus défaillant, resté cinq mois presqu'à l'abandon, avant l'arrivée de Mathieu.

En réalité, de nombreux dysfonctionnements affectent particulièrement ce rayon :

- Grosse quantité de produits ne correspondant plus à la demande.
- Casse, du fait d'un mauvais achalandage de marchandises et d'un manque de place.
- Manque d'attractivité (emplacement et rayonnage laissant à désirer), alors que les concurrents eux, multiplient d'inventivité pour attirer la clientèle.
- Vols, de nombreux produits n'ayant pas d'antivol et à cause d'un système de surveillance quasi absent…

Après quoi, les objectifs à atteindre furent répartis entre les différents rayons, le taux le plus élevé étant attribué au rayon produits ménagers.

Au vu de cela, Mathieu particulièrement, bénéficia d'un accompagnement sur le terrain, ponctué d'actions commerciales.

Grâce à ce travail, à sa détermination et l'implication de son équipe, il obtint des résultats largement au-dessus des objectifs fixés. Ce qui impacta très favorablement le chiffre d'affaires global.

John prit conscience de l'immense potentiel de son personnel et de deux impératifs : 1) finir de structurer le magasin en s'appuyant sur le travail que nous avons amorcé et, 2) être présent sur le site, sans pour autant se sédentariser.

Pour la première fois, le PDG abandonna le siège de Paris quelques heures, pour leur rendre visite. Le magasin reçut des félicitations assorties d'une prime.

… Deux mois plus tard Mathieu fut promu au poste de Directeur Adjoint. Nouvelle favorablement accueillie par tous.

CE QU'IL FAUT RETENIR

1) Manquer de clarté dans les propos, appliquer une consigne à l'aveugle, comportent un effet anxiogène important et aggravant en termes de stress.

2) Si vos fonctions vous contraignent à de nombreuses absences, faites-en sorte que vos collaborateurs soient plus responsables et autonomes. Faites d'eux de réels co-équipiers, pour que la chaîne fonctionnelle continue de tourner sans vous.

Pour approfondir, lire aussi « Dirigeants, Managers, Collaborateurs, ces parasites qui vous nuisent au travail » Histoire de parasites 1.

- 2 -

Piégés par des concepts à la mode

L'empowerment

... La conférence est sur le point de se terminer :

— *Comme c'est intéressant cet empowerment !* S'exclame Maxime S, directeur de SBIAXT Industrie, en s'adressant à son voisin de siège. *Vous vous rendez compte ! Nous allons pouvoir faire ce qui nous plait et laisser le reste à nos sous-directeurs !*

SBIAXT Industrie est spécialisée dans la fabrication de meubles. Maxime S a repris l'entreprise familiale. A cette époque, ils étaient presque les seuls dans cette niche. Depuis, la concurrence accrue est devenue une menace sérieuse pour l'entreprise.

***

... Des mois plus tard, nouvelle ère pour SBIAXT Industrie ! Au cours d'une réunion du comité de direction, après avoir résumé en bref ce qu'il a retenu de la conférence sur l'empowerment, Maxime S dit :

— *Je m'occuperai désormais des relations extérieures et comme vous êtes tous très compétents dans vos domaines, je vous laisse gérer le reste.*

Cette décision est une véritable révolution ! Jusque-là, Maxime S a toujours veillé à prendre les décisions, toutes les décisions. Dans la salle, les directeurs de département le fixent, les yeux interrogatifs. Après cette réunion, chacun des directeurs de département, ayant compris qu'il lui fallait se consacrer désormais aux choses importantes, organisa à son tour une réunion d'équipe :

— *Je m'occuperai désormais de… et de… Et vous, comme vous avez de très bonnes compétences, je vous laisse faire le reste.*

Ces propos vont être ainsi relayés à tous les échelons hiérarchiques. Chacun se débrouillant pour confier les tâches ingrates selon lui à d'autres. La prédilection générale s'orientant plutôt vers l'extérieur.

Au niveau opérationnel, ce manège s'avère être un véritable casse-tête pour les responsables d'ateliers et leurs équipes. Eux, ne pouvant se consacrer uniquement aux relations extérieures sans mettre l'entreprise en péril. Ces derniers se retrouvent donc en position de gérer l'entreprise, sans aucune directive claire ni coordination. Chacun faisant comme il l'entend. Et surtout, chacun donnant libre court à une créativité fort prolifique.

***

Dans un souci d'offrir des produits plus que haut de gamme et originaux, ils n'hésitent pas à passer outre les spécifications clients, apportant des modifications aux produits selon leur propre pertinence. De nombreuses pièces sont renvoyées par les clients. Pour les responsables d'ateliers et leurs équipes, ce sont les clients qui ont mauvais goût et qui manquent d'originalité.

Résultat de cette cacophonie :

- Sur-qualité et surcoût.
- Graves incohérences dans les décisions de planification et des retards devenus quasi systématiques.
- Des bennes à rebuts débordant de produits non conformes.
- Surproduction de certaines pièces difficiles à vendre.
- Des indicateurs de performance en chute libre.
- Non-respect des volumes de commandes.
- Colère des clients.
- Désorientation et inquiétude des collaborateurs.
- Colère et désarroi de Maxime S.
- Perte de chiffre d'affaires et risque de plan social.

***

… Après des semaines sans sommeil, Maxime S se retourna vers le cabinet conseil qui avait organisé la conférence :

— *Bonjour, … j'ai eu l'opportunité de suivre votre conférence du… à… et j'ai décidé de mettre en place l'empowerment dans ma société.*

— *D'accord.*

— *Et ça ne marche pas du tout votre truc, pourtant j'ai fait exactement ce que vous avez dit…*

Un discours accusateur qui ne plut pas du tout au personnel du cabinet. Un rendez-vous fut immédiatement pris avec

Arony, le consultant animateur de la conférence. C'est lui l'expert en la matière.

… Ce dernier arriva en début de matinée. La mine renfrognée, Maxime S se montra peu affable :

— *Je vous ai fait confiance et maintenant, je suis au bord de la faillite !*

Arony ignora cette entrée en matière provocatrice et maladroite.

— *Vous dites que vous étiez à ma conférence ?*

— *Oui.*

— *Vous étiez assis à quel endroit ?*

— *Vers le fond à droite.*

— *Et nous nous sommes parlés après ?*

— *Non, il y avait trop de monde.*

— *Je vous remercie d'y avoir participé. La salle était comble et je mentirai en prétextant me rappeler de tous les visages.*

— *Ça m'a vraiment emballé !*

— *Je comprends. Et c'est pourquoi vous avez décidé d'appliquer la méthode chez vous, tout seul ?*

— *Ça paraissait si simple à mettre en place…*

— *Vous savez, on dit souvent de se méfier des évidences.*

— *Mais vous nous avez bien présenté la démarche ?*

— *Exact.*

— Je ne comprends pas pourquoi ça a foiré ainsi !

— Je vais donc tenter d'être plus précis.

— Allez-y.

— Je crois savoir que votre entreprise fabrique des meubles et que vous avez un show-room ?

— C'est cela.

— Bien ! Imaginons que je vienne assister à une des présentations vantant les mérites de vos méthodes. De retour chez moi, je me dis : ça tombe bien ! J'ai un capital et avec cela, je peux maintenant m'offrir cette menuiserie dont je rêve tant depuis mon enfance ! Je suis convaincu qu'en m'inspirant de vos techniques, je pourrais obtenir des produits finis de la même qualité que les vôtres. Je sais, ce n'est qu'une caricature, mais pensez-vous que je vais réussir ?

— Non !

— Pourquoi cela ?

— Parce que c'est un métier très pointu, qui exige des compétences spécifiques… Et aussi, parce que je ne dis pas tout lors de ces présentations.

— Puis-je en connaitre les raisons ?

— Si je livre tous mes secrets de fabrication, les concurrents vont s'en emparer. Autant mettre la clé sous la porte tout de suite.

— Eh bien, voyez-vous Monsieur S, vous n'êtes pas le seul à agir de la sorte ! Moi aussi, je fais pareil, les autres aussi.

… S'en suit alors un silence qui parait interminable. Puis Maxime S. reprend, un peu penaud :

— *En effet ! Je n'y avais pas pensé. Excusez-moi.*

— *Maintenant, qu'attendez-vous de moi ?* S'enquit Arony.

— *Que vous me sortiez de ce cauchemar.*

— *C'est-à-dire ?*

— *Que je suis prêt à faire tout ce qu'il faut pour redresser la situation. Vous allez m'aider à sauver mon entreprise. C'est vital. Nous sommes au bord d'un plan social… Quelles sont vos conditions ?*

— *Très bien. Je prépare rapidement une proposition et reviens vous voir dans une semaine. Ça vous va ?*

— *Très bien.*

… Une convention fut signée quelques jours plus tard. L'intervention comportait trois grandes phases :

- Une phase d'audit global.
- Une phase d'accompagnement à la mise en œuvre des plans d'actions issus des préconisations.
- Une phase d'évaluation et de suivi sur la base d'indicateurs clairs…

Le tout porté par une campagne de communication bien articulée.

Finalement, Maxime S, s'en tira avec une forte dose de maturité et de bon sens ainsi qu'une entreprise prometteuse.

L'agilité

Minx est spécialisée dans la fabrication d'emballage. L'entreprise s'en sort plutôt bien. Puis, les experts en stratégie commerciale commencent à attirer l'attention sur la redoutable concurrence chinoise.

Le PDG, M. Malfetasse décide de changer les choses. Il a eu l'occasion d'assister à des conférences et de lire des ouvrages sur le management stratégique et l'innovation. Il y a découvert le concept d'agilité. Il croit tenir là, la clé dont il a besoin, pour asseoir des processus à retour sur investissement rapide et rendre son entreprise plus forte.

Il organise une réunion pour annoncer la nouvelle stratégie de l'entreprise. De retour dans leurs services, chaque manager dit à ses collaborateurs :

— *... Nous avons eu une réunion avec la Direction. Il est demandé à tous d'être agiles, de travailler très vite et très bien...* Discours interrompu par les :

— *Oui, c'est ça ! Pour qu'ils augmentent encore plus leur train de vie !*

— *Qu'est-ce que cela va nous apporter de plus, nos méthodes sont excellentes. Nous sommes presque les meilleurs sur le marché...*

... M. Malfetasse :

- mit beaucoup d'argent à optimiser la qualité des process ;

- changea entièrement son parc informatique ;
- demanda à tous les cadres de pratiquer la politique de la porte ouverte et d'agir vite ;
- investit également dans la communication : installation partout sur le site de panneaux vantant la puissance du concept d'agilité, ainsi que son impact sur la pérennité de l'entreprise.

Un investissement que la plupart perçoivent en ces termes : *« c'est nous mettre encore plus de pression et de stress, pour que la direction gagne encore plus d'argent. »*

***

La première année, Minx enregistre quelques pertes. Ce que le PDG met sur le compte de l'ère de changement que vit son entreprise. La deuxième année, il constate que la chute du chiffre d'affaires continue, contrairement à ses prévisions et s'en inquiète. Il monte au créneau pour savoir ce qui se passe.

… Plusieurs raisons sont alors évoquées :

- Les managers se plaignent :

  - De leurs collaborateurs qui maintenant, sont incompétents et infantilisés.

  - Du temps qui leur manque, du fait des multiples réunions auxquelles ils sont contraints d'assister et qui en fin de compte ne leur servent à pas grand-chose.

- Des demandes incompréhensibles émanant de la hiérarchie.

- De la pression qu'ils subissent d'en haut et d'en bas…

- Les collaborateurs se plaignent :

- Du nouveau système informatique, plus complexe que le premier et de sa lenteur. Du fait qu'il ait été installé sans leur avis et sans formation préalable, alors qu'ils ne sont pas des pros de l'informatique.

- De leurs managers qui sont en permanence confinés dans des réunions interminables et qui ne viennent plus sur le terrain où justement, ils ont besoin d'eux.

- Des demandes pressantes qui leur parviennent et auxquelles il faut répondre sans délai. Ce qui occasionne des erreurs et défauts de fabrication, pour lesquelles ils doivent se justifier. Or pendant ce temps, ils ne sont pas à leurs postes…

- Les clients se plaignent :

- De la perte de cette amabilité, qui était pourtant un des points forts de l'entreprise.

- Des défauts de qualité.

- Des prix devenus trop élevés, les obligeant à se tourner de plus en plus vers les concurrents…

- Les actionnaires sont mécontents : l'absence de retour sur investissement les rend de plus en plus grincheux…

- Les consultants venus les accompagner n'en peuvent plus. Ils sont au bord de la dépression. Les managers clamant haut et fort qu'ils pratiquent l'agilité, alors qu'il n'en n'est rien. Tant ils sont enlisés dans leurs anciennes façons de travailler et refusent de s'en défaire…

- Résultat :

  - Hormis la tromperie évidente « on clame haut et fort qu'on pratique l'agilité alors qu'il n'en est rien », le personnel nage en pleine contradiction et rejet du nouveau système.

  - Les changements d'avis réguliers et intempestifs des managers freinent l'évolution des actions en cours, déviant lamentablement par le fait même, le plan d'actions initialement défini. Ce qui augmente considérablement les coûts par rapport au budget de départ et impose régulièrement des rallonges…

  - Les gains tant attendus tardent encore et encore. Le tout, au désespoir de M. Malfetasse. Il a fallu le conduire d'urgence à l'hôpital l'autre jour. Fausse alerte heureusement.

— Si rien ne change scande-t-il, il ne me restera plus rien ! Ce serait une pure catastrophe, vous comprenez ? Je n'y survivrais pas.

— Allez M. Malfetasse ! La situation n'est pas gaie, mais ne perdez surtout pas espoir. Il y a toujours une solution. Nous allons voir ensemble comment régler ça...

CE QU'IL FAUT RETENIR

1) Entretenir ses neurones et se tenir informé des nouveaux concepts et de l'évolution des modèles économiques est une tactique hautement appréciable. Mais les déployer sur le terrain exige une réelle expertise.

2) Le moindre changement introduit dans l'entreprise, comporte des exigences de communication, de méthode, d'organisation, de rigueur… Aucun changement ne peut donc se faire sans une réflexion rigoureusement élaborée.

3) Ne succombez donc pas au zèle du néophyte. 1) Prenez du recul, partagez vos nouvelles idées ; 2) accueillez avec bienveillance toute objection et suggestion, puis creusez-la ; 3) n'hésitez pas à revoir si possible vos plans et commencez toujours par expérimenter sur un échantillon réduit (un service ou une équipe). Il vous sera plus facile de capitaliser les résultats.

Pour approfondir, lire aussi « Dirigeants, Managers, Collaborateurs, ces parasites qui vous nuisent au travail » Histoire des parasites 2 & 3.

- 3 -

Il travaille comme un forcené

Cas de Marc O., chef d'entreprise

Marc O est un chef d'entreprise sérieux et perfectionniste. Ses origines modestes semblent être pour lui un tel carcan !

En quelques années, cet homme parti de rien, a monté une entreprise de bâtiment, puis une deuxième. Il emploie maintenant quatre-vingts personnes. Il est si exigeant, que les ressources de l'environnement ne semblent pas suffisantes pour satisfaire un tel amour de l'excellence.

Dans l'entreprise, il est omniprésent, que ce soit dans les bureaux ou sur les chantiers. Allant même jusqu'à faire des livraisons chez les clients. On en vient presqu'à se demander à quoi lui servent ses employés.

En dehors de son travail, plus rien d'autre ne semble l'intéresser. A force de passer les soirées et les week-ends seule dans leur somptueuse villa, son épouse est partie avec un autre.

… Puis, cette année-là, Marc O décide de faire une mise à plat de son organisation, afin de « se dégager du temps » pour lui. Nous prenons rendez-vous.

Il me reçoit un matin dans son bureau situé juste à l'entrée du bâtiment central. Avant que l'assistante ne fasse un pas, le voilà à la porte pour m'accueillir…

Un homme aimable, qui vous met tout de suite à l'aise et avec lequel communiquer et négocier deviennent si simples ! Pendant plus d'une heure, il me parle de sa charge de travail, de son envie de l'alléger et des projets ambitieux qu'il a pour ses entreprises... Il m'a l'air cependant fatigué, je dirais même très fatigué.

Ensemble, nous ébauchons un plan d'intervention. Il ne me reste plus qu'à le finaliser et revenir le voir pour signer la convention. La date du prochain rendez-vous est fixée. Au moment de le quitter :

— *Prenez bien soin de vous et surtout pensez à vous reposer.* Lui dis-je.

— *Ça se voit tant que ça ?* Réplique-t-il en souriant.

— *Oui !*

— *C'est vrai, je suis un peu fatigué. C'est d'ailleurs pourquoi je veux revoir les choses.*

Deux semaines plus tard, je reprends contact comme convenu, pour confirmer ma venue :

—*... Oui, bien sûr, je me souviens de vous.* Me dit l'assistante. *Vous n'êtes pas au courant de ce qui est arrivé à Monsieur O ?*

— *Quoi ?*

— *Il a fait un AVC et malheureusement, il n'a pas survécu...*

CE QU'IL FAUT RETENIR

1) Diriger une entreprise, occuper un poste de manager, prendre à cœur son travail expose à de nombreux défis et une forte pression. Gare à votre santé !

2) Un seul Homme, aussi compétent soit-il, ne peut faire fonctionner tout seul tout un service, tout un département ou toute une entreprise. Ne devenez pas l'esclave de votre ambition.

3) Vos collaborateurs ne sont ni des ennemis, ni des gangsters.

Indiquez-leur la direction.

Expliquez-leur les règles et osez leur faire confiance.

Structurez votre entreprise ou service et répartissez équitablement le travail.

Evaluez et valorisez les résultats, aidez à corriger les erreurs…

Préservez-vous, en trouvant un juste équilibre vie professionnelle-vie personnelle.

Vous serez en meilleure forme. Vous serez un véritable leader. Vous serez plus utile à vous-même, votre famille et votre entreprise ! Vous vivrez plus longtemps !

Pour approfondir, lire aussi « Dirigeants, Managers, Collaborateurs, ces parasites qui vous nuisent au travail » Histoire des parasites 4.

- 4 -

Quand les entretiens d'évaluation deviennent un instrument de malveillance

<u>Le cas Swaki</u>

Babine se rappelle de son entretien d'embauche comme si c'était hier. Pourtant cela fait six ans qu'elle travaille chez Swaki. Au cours de l'entretien, le recruteur Emilien, son futur supérieur hiérarchique lui avait alors vanté les mérites de son style de management : « ici, on pratique le management de proximité… Ici, les choses se font avec un sens profond d'équité et nous veillons à faire progresser les collaborateurs dans leurs domaines de compétences ».

— *En six ans* dit-elle, *je n'ai jamais eu d'entretien d'évaluation. Même chose pour mes demandes de formation.*

… En fait, chaque année, Emilien fait le tour des six collaborateurs, leur demandant expressément de dire que les entretiens ont bien eu lieu si on le leur demande. Et tout le monde s'exécute, par peur des représailles. En dehors des circonstances particulières comme celles-là, il est invisible. Chacun se débrouillant de son mieux.

***

Vint alors le moment de fournir les évaluations de cette année-là. N'ayant pas d'éléments factuels à présenter, ni sur lesquels s'appuyer pour faire une évaluation honnête, Emilien fit les choses de façon tout à fait hasardeuse.

Le système de notation de l'entreprise utilise un continuum allant de 1 à 10 points. Emilien décide alors d'attribuer 7 points à une personne, 6 points à deux personnes, 5 points à une personne et 3 points aux deux restantes.

Chez Swaki, les employés se parlent et les secrets finissent toujours par être dévoilés. De fait, cette évaluation interpelle le service RH. Les plus mauvaises notes ont été attribuées aux meilleurs de l'équipe !

Ayant appris la nouvelle, ceux-ci décident de mener une action contre leur manager. Ils finissent par apprendre que l'incompétence de ce dernier n'est pas un secret et qu'il occupe ce poste, faute de mieux.

… Le poste fut proposé au plus expérimenté de l'équipe. Il bénéficia d'un accompagnement d'intégration.

Quant à Emilien, il fut affecté dans un autre service, à un poste sans fonction d'encadrement. L'humiliation était telle qu'il tenta de quitter l'entreprise.

Il prospecta dans la région pendant des mois sans succès. Réalisant amèrement qu'il avait acquis une mauvaise réputation extra large, dépassant généreusement les frontières de l'entreprise. En désespoir de cause il se résigna. Depuis, il a complètement perdu de sa superbe.

Le cas Menigst

L'entreprise Menigst compte deux mille personnes réparties sur deux sites. Cette année-là, les quatre lettres GPEC sont sur beaucoup de lèvres.

La direction décide de se mettre elle aussi dans l'ère du temps. Sur ce, le directeur informe ses responsables de services qu'à compter de maintenant, ils évalueront leurs collaborateurs une fois par an.

— Et ça consiste concrètement en quoi ?

— Vous parlez un peu avec eux de leurs métiers quoi, d'eux, de leurs projets… Mais attention, surtout pas des augmentations de salaires ! »

En conséquence, les entretiens d'appréciation chez Menigst commencent toujours comme ceci :

— Bonjour !

— Bonjour !

— Nous nous voyons aujourd'hui pour faire le point. Mais avant de commencer, je dois tout de suite te dire de ne surtout pas me parler d'augmentation de salaire…

***

Résultat : Tout le monde appréhende cette période. Ils s'en passeront bien d'ailleurs. Les responsables d'équipes sont obligés de relancer encore et encore leurs collaborateurs. Situation que ces derniers expliquent ainsi :

— De toute façon, c'est une perte de temps ! Moi, j'ai du travail !

— Ce qui nous énerve le plus, c'est le fait de nous prêter des intentions mercantilistes, comme si tout tournait autour de l'argent.

— Ils nous traitent comme des mendiants.

— … Et quand bien même on tenterait de négocier une augmentation de salaire, qu'est-ce que ça peut leur faire ? Ce ne sont pas eux qui décident !

— Et si on n'obtient pas l'augmentation demandée, on n'en fera pas un drame !...

— Ils n'essaient même pas de nous écouter. On voit bien qu'ils font juste semblant...

Cette année-là, très peu d'entretiens ont eu lieu malgré les menaces des responsables d'équipe.

Les tensions entre les deux camps étaient si palpables, que la direction dut revoir les choses en profondeur. Cela passa par des rencontres de sensibilisation de l'ensemble du personnel, la formation et l'accompagnement des managers à la conduite d'entretiens.

Un an plus tard, tout se passa dans le calme.

<u>**Le cas Patrice W**</u>

Patrice W est chargé de manager une équipe de 40 personnes d'une succursale installée en province. Son poste est basé au siège à Paris. De temps en temps, il se rend sur place. Lorsqu'on lui pose des questions sur son équipe, ses réponses sont si évasives qu'il est évident qu'il n'en sait rien et que cela ne l'intéresse aucunement.

… Ce jour-là, il reçoit Didier. Les pieds posés sur le bureau, les deux mains calées sous la nuque.

— *Entre !* Lui dit-il. *Et assieds-toi.*

Et l'entretien commence, tandis que Patrice W conserve sa position de relaxation :

— *Je ne sais pas ce que tu fais et honnêtement, ça ne m'intéresse pas. Alors pour faire simple, je vais te mettre une mauvaise note.* Lui dit-il tout de go.

— *Dans ce cas,* rétorque Didier en se levant, *ce n'est pas la peine de perdre notre temps.*

— *Ne pars pas. Pas la peine de te fâcher. Allons, rassoies-toi. Nous avons du temps, essayons de bien l'utiliser.* Lui dit-il.

— *Ok.* Et l'autre se rassoit.

— *Bon, y a-t-il des choses pour lesquelles tu as des difficultés ?*

— *Non.*

— *C'est ce qu'il me semblait.*

… Ensemble, ils balaient différents points : Didier lui explique ce qu'il fait, les résultats qu'il obtient chez tel et tel clients… Le tout avec des preuves à l'appui.

A la fin de l'entretien, Patrice W lui dit :

— *Va et surtout continue à bien travailler.*

***

Didier repart, satisfait et fier de lui avoir fait découvrir enfin ce qu'est réellement son métier. Des jours plus tard, il reçoit sa note d'évaluation. Là, son étonnement est à son comble ! Patrice est resté fidèle à sa stratégie : il lui a mis la mauvaise note annoncée !

Fou de rage, Didier le contacte :

— *Je ne suis pas d'accord avec ton évaluation !*

— *Je n'allais quand même pas te mettre 10/10 !*

— *Pourquoi pas si je les mérite ?*

— *Je sais. Mais si je te donne une note pareille, il sera légitime pour toi de demander une augmentation de salaire.*

— *Et alors ?*

— *La direction va me taper sur les doigts…*

Finalement, l'équipe à l'unanimité déteste Patrice, tandis que la direction elle, l'encense.

Le cas Nathan

C'était une équipe de huit ingénieurs. Sans raison explicite, Dominique et Nathan son collègue n'étaient pas en bons termes. Dominique se souvient encore de la première semaine d'intégration de Nathan dans son service. Chaque jour, il entendait plusieurs fois de la bouche de leur aimable supérieur hiérarchique :

— N'hésite pas à te rapprocher de Dominique, il est très bon dans le domaine.

— Si tu as besoin d'aide, vois avec Dominique, c'est lui le pro…

Lorsque le poste de responsable du service se retrouve vacant pour raison de mobilité interne, le chef partant propose naturellement Dominique comme successeur. Offre que ce dernier décline, arguant que l'ambiance de travail ne lui en donne guère l'envie.

Finalement, Nathan prend les commandes. Conscient de ses lacunes, Dominique lui fait gentiment part de ses bonnes dispositions à l'aider opportunément. Ce que celui-ci refuse aussi sec.

***

Ci-dessous deux faits marquants depuis sa prise de fonction :

1) Il a complètement changé : il ne sourit plus du tout, arrive très tôt le matin au bureau, en repart tard le soir, ne s'arrêtant même pas à midi pour déjeuner. Plus le temps passe, plus il est désagréable et décrépi.

L'équipe désapprouve ses façons de faire, clamant haut et fort son incompétence ; disant que c'est Dominique qui aurait dû être à cette place et reprochant par le fait même à ce dernier sa lâcheté. Ce qui n'arrange rien.

2) Depuis trois ans que Nathan est en poste, les notes de Dominique lors des évaluations n'excèdent pas 5/10, alors qu'avant, elles oscillaient entre 8 et 9. Sachant que le service RH se base sur ces évaluations pour accorder les augmentations de salaire, Dominique n'en a obtenu aucune depuis trois ans, contrairement à ses collègues. Tout cela, sans que Nathan ne soit sommé de fournir quelque explication que ce soit.

— *Et alors, que comptez-vous faire ?* Lui dis-je.

— *Rien.*

— *Pour quelles raisons ?*

— *Les RH ne feront rien du tout. Nous sommes un groupe, donc trop nombreux. Ils s'en foutent.*

— *Vous en êtes sûr ?*

— *J'en suis convaincu.*

— *En avez-vous la preuve ?*

— *Pas vraiment.*

— Alors pourquoi vous ne tentez pas de dénoncer cette injustice ? Au moins vous serez fixé.

Dominique alla voir son supérieur hiérarchique direct. Face à la léthargie de ce dernier, il remonta l'information au service RH. Nathan se retrouva en mauvaise posture.

CE QU'IL FAUT RETENIR

1) Mettre en place avec succès les entretiens d'évaluation ou d'appréciation impose de bien réfléchir en amont sur les enjeux et les modalités de réussite, de mise en œuvre et de contrôle.

2) L'entretien d'évaluation n'est pas une perte de temps. C'est un acte essentiel de management pour plusieurs raisons :

a) c'est aussi un outil d'expression (attentes, frustration…) et d'écoute,

b) c'est là que se dessinent non seulement les perspectives d'amélioration du quotidien mais aussi les futurs professionnels de vos collaborateurs.

c) C'est là aussi que vous recevez le feed-back nécessaire à votre propre rayonnement et à l'amélioration de votre performance.

d) C'est également pour vous, un levier pour coordonner et inciter à l'atteinte des objectifs de votre entité.

3) L'entretien d'appréciation n'est pas non plus un outil de vengeance et aucunement un fouet, mis entre vos mains pour flageller les collaborateurs que vous n'appréciez guère. L'appréciation doit rester inconditionnellement objective et factuelle.

4) Vous avez beau être malin et exceller dans l'art toxique, un jour, on vous coincera.

Pour approfondir, lire aussi « Dirigeants, Managers, Collaborateurs, ces parasites qui vous nuisent au travail » Histoires des parasites 5, 6, 7 & 8.

5

Faites ce que j'attends de vous,
le reste ne vous concerne pas !

Le cas de M. Mialas

Pour faire face à une concurrence de plus en plus sévère, le fondateur de la société de service JUXLS, M. Mialas, décide d'élargir le champ de ses activités, d'autant plus que de belles opportunités se dessinent à l'horizon.

En complément des prestations actuelles de gestion administrative, la société interviendra désormais dans les domaines du management, la logistique et l'organisation.

D'où l'embauche d'Emery. Il est âgé de quarante ans et possède de belles références dans les domaines ci-dessus cités.

Emery intègre une équipe de onze personnes, avec une moyenne d'âge se situant entre vingt-quatre et trente-cinq ans et une ancienneté minimale de cinq ans en moyenne. Pour la grande majorité, il s'agit de leur premier emploi...

Chez JUXLS, le scénario est le même chaque semaine :

Le Directeur M. Mialas, arrive tous les lundis en fin de matinée. Il franchit la porte, salue du bout des lèvres et haussement de la tête ses employés, à travers les baies vitrées. Puis, se dirige vers son somptueux bureau au fond du couloir.

A 14h00, les douze employés, tels des fourmis robots, quittent leurs places respectives, direction la salle de réunion, où ils s'installent, dans le calme absolu. La réunion dure deux heures et demie. Un temps interminable durant lequel, ils lui rendent compte à tour de rôle, de leurs activités.

Jamais de compliments, que des reproches et toujours des reproches. A la fin de la réunion, tout le monde regagne sa place. Lui, s'enferme dans son bureau. En fin d'après-midi, il en repart, sans un mot, ni un regard. Un rituel qui dure depuis douze ans.

Dans cette entreprise, personne ne sourit. Ce sont autant de choses qui frappent donc Emery. Du fait de son expérience dans l'animation d'équipe, Emery décide de faire quelque chose, pour ramener un peu de convivialité et de vie dans cette société. Il souhaite faire ainsi évoluer les choses vers plus d'épanouissement pour tous.

***

… Un jour, il dit à M. Mialas :

— Monsieur, j'aimerais que vous m'accordiez quelques minutes quand vous serez disponible.

— Vous souhaitez me voir à quel sujet ?

— Au sujet du fonctionnement de l'équipe ici.

— Ainsi, vous avez des choses à me dire au sujet du fonctionnement de mon équipe ? J'en suis heureux ! De quoi s'agit-il ? Vous voulez m'en parler ? Allez-y !

— J'ai vu comment se passent les réunions et l'attitude des collègues.

— Mais encore ?

— Ils n'osent rien dire, ils ont peur de vous.

— Et ça vous pose problème ?

Emery n'a pas le temps de répondre.

— Je vous ai embauché pour développer mes prestations et non pour m'auditer ! Alors contentez-vous de faire votre travail !

… Depuis, Emery et lui jouent au ping-pong lors des réunions. Ils sont souvent en désaccord sur les façons de procéder. Emery valorisant les bonnes pratiques de management et prenant le parti de ses collègues. Selon lui, ces derniers sont maltraités depuis trop longtemps. D'ailleurs, ils lui en sont reconnaissants.

Mais à la longue, le jeu devient énergivore. Petit à petit, Emery commence à redouter les lundis après-midi. Il a systématiquement mal à l'estomac et à la tête.

***

Un lundi matin, alors qu'il se rend chez un client, Emery sort de la route sans raison apparente et rentre dans un arbre…

A l'hôpital :

— Monsieur, vous avez eu beaucoup de chance. Vous travaillez ?

— Oui !

— Quel est votre métier ?

— Je suis chef de projets !

— Dans quel domaine ?

— Management et organisation.

— Et ça se passe bien ?

— Avec mon employeur ? Pas bien du tout.

— Alors, il est peut-être temps de songer à revoir les choses. Vous avez 6 de tension. A ce stade, vous êtes un sérieux danger pour vous-même, mais surtout pour les autres. Tenez ! Voici votre arrêt maladie de deux semaines. Essayez de vous reposer et de trouver vite une solution. La situation est sérieuse.

… A son retour, Emery donna sa démission.

— Vous voulez nous quitter pour quelle raison ? S'en étonne le directeur.

— Comment faites-vous pour ne pas voir ce qui se passe ici ? Vous le vivez bien ?

Le directeur ne répond pas.

— Moi pas du tout. Et l'équipe aussi.

Emery quitta la société, au grand regret des collègues, lesquels voyaient en lui leur sauveur.

CE QU'IL FAUT RETENIR

1) Vous ne pouvez provoquer le changement en restant vous-même en marge ou en agissant à contre-courant. Car, tout changement que vous impulsez vous touche personnellement, que vous le vouliez ou non.

Par exemple vous ne pouvez aller prêcher chez les autres, même par personnes interposées, les bienfaits du management moderne, si le vôtre est archaïque.

Plus vous agirez en cohérence avec les orientations internes, plus les collaborateurs, au-delà de leurs compétences et leur motivation, sentiront la légitimité de les porter à l'extérieur. Ils seront ainsi plus percutants et rentables.

2) Si vous n'êtes pas prêts à changer vous-mêmes, n'embauchez pas des collaborateurs dont l'expertise pourrait mettre à mal vos habitudes et vos convictions. Car vos actions, aussi opportunes soient elles, ne connaitront point de succès.

3) Si vous voulez impulser le changement avec succès et de façon durable, vous devez être vous-mêmes : ouvert, un facilitateur, montrer l'exemple et vous impliquer.

Pour approfondir, lire aussi « Dirigeants, Managers, Collaborateurs, ces parasites qui vous nuisent au travail » Histoire des parasites 9.

6

Notre directeur, un cauchemar !

Le cas de M. Pandrue

C'était un projet d'implémentation de système de gestion d'informations au sein d'une unité de gestion de production. Le commanditaire du projet était le directeur du site M. Pandrue.

M. Pandrue, grand en taille et en largeur, voix tonitruante et autoritaire. Devant lui, les collaborateurs devenaient subitement insignifiants, tant il faisait peur à tout le monde.

Il organisait des réunions à 20h et la présence de tous était obligatoire. Tout comme il pouvait faire venir des consultants dans ses locaux et s'arranger pour être absent, sans prévenir. Les changements de postes se faisaient selon son humeur, à l'insu des personnes concernées et sans préavis. Le collaborateur découvrait en arrivant le matin même, que son poste et son bureau avaient été attribués à quelqu'un d'autre…

Par rapport à ce projet, il avait imposé des contraintes de date, sans tenir compte ni de la complexité des processus, ni de la disponibilité des équipes.

… Dès le lancement, le projet commença à dériver. Mais personne n'osait lui avouer la vérité, de peur d'essuyer un rude déferlement colérique de sa part. En bref, de peur d'être mangé tout cru. Alors, tous se contentaient de lui dire : « *Tout va bien* ».

Pour tenir les délais imposés, l'équipe dut faire de nombreuses entorses à la procédure : développement partiel du logiciel, pas de documentation, de la même façon, pas de formation des utilisateurs…

Au moment de la mise en œuvre, quelle grande déception ! Rien ne marche comme il faut !

— *Qu'est-ce que ça signifie ?* Vocifère M. Pandrue colérique, plus rouge qu'une tomate très mûre.

— *Euh ! Euh ! Que, comme il fallait faire vite pour respecter vos délais, il nous était impossible de tout faire…* Tente d'expliquer un responsable de service, tandis que les autres acquiescent.

— *Je vous somme de remettre de l'ordre dans tout ça ! Vous m'entendez ? Sinon, je vous fiche à la porte !...*

***

Le malaise était si profond que l'adjoint au directeur posa sa démission. Mais avant de partir, il s'inspira de la méthode d'évaluation à 360°. Profitant ce jour-là de l'absence de M. Pandrue, il administra un questionnaire à l'ensemble du personnel. Ils avaient une grande confiance en lui. Il remonta l'ensemble des résultats au PDG au Siège. Devant l'évaluation fort catastrophique du fonctionnement du site, le PDG limogea M. Pandrue.

… Il fallut monter de toute urgence un projet de secours pour combler les lacunes du système. Pour cela, une équipe fut mise en place. Elle reprit les choses par le bon bout, identifia les lacunes du système, les corrigea et apporta une assistance directe aux utilisateurs.

Le directeur adjoint JL Magket et les équipes firent preuve de beaucoup d'habileté. Le PDG refusa la démission de JL Magket et lui proposa le poste vacant. Ce dernier négocia de nombreux axes de changement préalablement à son acceptation.

CE QU'IL FAUT RETENIR

1) Boycotter toutes les règles de politesse et terrifier son personnel ou ses collaborateurs peut conduire une entreprise au chaos.

2) La réussite d'un projet ne s'obtient ni dans la contradiction, ni sous la menace, ni au forceps. Vous devez agir avec respect, faire preuve d'humanité et d'exemplarité pour donner l'envie de faire et de l'énergie à vos collaborateurs. Ainsi :

Ils apporteront quiétude, fiabilité et efficacité à votre quotidien.

Ils deviendront de véritables bouées de sauvetage.

Ils vous soutiendront dans les phases de défis.

Ils vous faciliteront tout simplement la tâche.

Pour approfondir, lire aussi « Dirigeants, Managers, Collaborateurs, ces parasites qui vous nuisent au travail » Histoire des parasites 10.

7

La politique de « la porte ouverte » : avantages et pièges

Le cas de Dominique T.

Dominique T. se vantait d'être un adepte de la communication directe et d'appliquer la politique de la porte ouverte. Il passait beaucoup de temps à écouter ses collaborateurs qui, un à un, défilaient dans son bureau…

Les mails s'accumulaient dans sa messagerie, tandis qu'il communiquait avec son équipe. Puis un jour, M. Jeannot, le directeur, l'invita dans son bureau :

— *Et où en es-tu avec le prototype de Renoux ?*

— *Quel prototype ?*

— *Tu n'es pas au courant ?*

— *Non, on ne m'a rien dit.*

— *Et celui de l'usine H ?*

— *Je ne suis pas au courant de celui-là non plus.*

— *Alors là, je n'en crois pas mes oreilles ! Tu veux nous faire couler ou quoi ?*

— *Tu sais bien que non.*

— *C'est ce qui risque d'arriver ! Pourtant les messages concernant ces demandes t'ont été bien envoyés par e-mail, je viens de vérifier.*

— *Tu me vois confus. Je suis tellement pris que je n'ai pas le temps de lire mes messages.*

— *Tu passes beaucoup trop de temps dans l'atelier !*

— *Je ne vois pas de quoi tu te plains. Tu as dit toi-même qu'il fallait écouter nos équipes. Moi, ça me va bien.*

— *Bon, écoute, ça commence à faire ! Il va falloir que tu t'y remettes sérieusement et que tu revois tes priorités ! A aucun moment, je ne t'ai demandé de devenir l'assistant social de ton équipe ! Là, nous sommes dans la M.*

— *J'en suis désolé !*

— *Penses-tu que ton équipe et toi soyez en mesure de bosser sur ces commandes en urgence ? Je sais que vous faites du bon travail, mais là, je suis inquiet.*

— *Pas le choix ! Je vais tout de suite dans l'atelier et voir comment régler le problème.*

***

... Des minutes plus tard :

— *Les gars, je sors d'un entretien avec Jeannot et je peux vous dire que ce n'est pas la joie.*

— *Aïe ! Qu'est-ce que nous avons encore fait ?*

— *Pas vous. C'est moi qui ai merdé.*

— *Allez, arrête de tourner autour du pot !*

— *Tu nous fais flipper là !*

— *En fait, comme vous le savez, je passe beaucoup de temps avec vous.*

— *C'est vrai !* Dit l'un.

— *Et nous t'en remercions.* Renchérit un autre.

— *Et voilà que deux commandes de prototypes sont passées à la trappe ! Je n'ai pas pris connaissance des messages ! Du coup, là tout de suite, la situation est très compliquée avec les commandes en cours. Le pire, ça peut coûter très cher à tout le monde : l'entreprise, moi, vous...*

Et les questions se mettent à fuser dans tous les sens :

— *Ah ! Qu'est-ce qu'on doit faire ?*

— *De quoi s'agit-il ?*

— *Ça date de quand ?*

— *Quel était le délai ?*

— *Combien de temps nous reste-t-il ?*

— *Est-il possible de négocier le délai ?...*

— *En fait, nous avons juste deux mois devant nous.*

— *Eh bien, on fera avec ; pas le choix, n'est-ce pas les gars ?* Dit un opérateur.

— *Oui !* Disent tous les autres en chœur.

... Finalement et en signe de loyauté, toute l'équipe de l'atelier se mobilisa, n'hésitant pas à faire des heures supplémentaires. La première commande fut ainsi livrée. Dominique T. contacta le client et négocia un report de livraison pour la seconde. Ce que le client accepta.

CE QU'IL FAUT RETENIR

1) Pratiquer la politique de « la porte ouverte » requiert nécessairement de la disponibilité. Laquelle ne dépend pas uniquement de votre gentillesse et de votre bon vouloir.

2) Vous devez aussi être rigoureux dans votre organisation, la gestion de votre temps, de votre messagerie et de vos priorités.

3) La bienveillance est un atout fort à la cohésion et à l'esprit collaboratif. Elle génère un sentiment de sécurité, de confiance qui agissent sur l'envie de faire et renforcent le sentiment d'appartenance.

4) Ayez opportunément une disponibilité constructive pour vos collaborateurs. Ils vous soutiendront sans aucun de doute dans les moments difficiles.

Pour approfondir, lire aussi « Dirigeants, Managers, Collaborateurs, ces parasites qui vous nuisent au travail » Histoire des parasites 11.

- 8 -

Quand les habitudes deviennent des outils de torture et des gouffres financiers

Le cas de V. Manout, le directeur

Nous nous trouvons au premier étage abritant le département marketing d'une grande entreprise. La porte d'entrée s'ouvre sur un grand couloir. Au fond à droite, les salles de réunion. Juste à côté, le bureau du directeur. Ensuite le secrétariat, un premier open space occupé par dix personnes et ensuite, un autre dédié à une équipe de sept assistants…

Les toilettes se trouvent entre les deux open space. Depuis leur installation dans les locaux, ils sont face à une difficile équation : les émanations des toilettes se propagent dans les deux open space. Malaise que le personnel prend sérieusement en compte, réservant « la grosse commission » à leurs domiciles.

Le directeur V Manout lui, a sa petite habitude. Dès son arrivée dans les locaux, il s'enferme dans les toilettes et en ressort des minutes plus tard, guilleret et fier. C'est alors que s'ensuit une phase d'asphyxie pour les occupants des deux bureaux. Pendant un quart d'heure, voire une vingtaine de minutes environ ou plus, chacun évite de respirer, tous se bouchant les narines. Cela dure depuis huit ans.

… Puis, une nouvelle opératrice, Suzanne vient rejoindre l'équipe. Elle a la voix puissante et est très spontanée. Le jour de sa prise de fonction, le directeur est en déplacement. Le deuxième jour, depuis les toilettes, elle s'étonne de sa voix haute et intelligible :

— Oh, mon dieu ! C'est quoi ça ? Qu'est ce qui pue ainsi aux toilettes ? Elle referme aussitôt la porte en vitesse. Puis revient vers ses collègues :

— C'est quoi cette odeur ?

— Ce sont les toilettes. Ça sent ainsi chaque fois que quelqu'un y fait la grosse commission. Lui dit à voix basse une collègue, en clignant les yeux vers le bureau du directeur.

Mais Suzanne ne saisit pas la subtilité du geste et continue de sa voix haute :

— Dans ce cas, cette personne n'a qu'à faire ses besoins chez elle au lieu de nous asphyxier ainsi ! Je ne comprends d'ailleurs pas qu'elle puisse venir faire ça ici le matin. Ce n'est vraiment pas gentil !

On l'entendait jusqu'au bureau du directeur.

— Chut ! Tu sais de qui tu parles là ?

— Non ! De qui ?

***

Du doigt, elle lui indique le bureau du directeur. Suzanne met la main devant la bouche. Mais ne peut s'empêcher d'ajouter en baissant la voix cette fois :

— Cela ne l'excuse en rien. Il n'a qu'à se décharger chez lui ! Et il fait ça depuis quand ?

— Depuis qu'il est là.

— Oh ! Combien d'années ?

— Huit ans !

— Et vous êtes encore en vie ?

— On a appris à faire avec. Tu serres les fesses, tu bouches le nez en attendant que ça passe.

— Alors là !

… Une heure plus tard, M. le directeur venait se présenter à Suzanne et lui souhaitait la bienvenue.

Le lendemain, il arriva le matin comme à son habitude. Cette fois, il n'alla pas aux toilettes, au grand étonnement de tous. Même chose le lendemain et surlendemain…

Le cas Guyos

Guyos est un commercial très efficace. Il parait qu'il fait à lui seul 60% du chiffre d'affaires de son entreprise. Fort de ce résultat, il fonctionne un peu comme un électron libre. De ce fait, il n'est pas très apprécié par le reste du personnel.

Il a été installé dans les nouveaux locaux à quinze kilomètres du siège et partage le bureau avec Claude, un autre commercial. Aux dires de ce dernier, il vit un vrai cauchemar. Guyos est arrogant, se comportant avec un sans-gêne inégalé. Il parle si fort que les seuls moments de répit pour Claude, c'est quand il est en déplacement. Ce qui réduit considérablement son temps de prospection téléphonique et le met en difficulté.

Claude a eu dernièrement un entretien avec le directeur et celui-ci a été bref et très clair : « *Nous vous donnons encore trois mois. Passé ce délai, nous vous licencierons si vos objectifs ne sont pas atteints* ». Claude aurait bien voulu évoquer ses conditions de travail, mais s'en est abstenu, convaincu que ce serait peine perdue, d'autant plus qu'il n'en a jamais parlées. Il est marié et père de trois enfants. Et il tient à garder son emploi.

Il vient se confier :

— *… J'ai déjà tenté de lui parler, il ne veut rien entendre.*

— *Et maintenant ?*

— *Je suis obligé d'en parler à la direction. Mon contrat est en danger. Mon seul problème, c'est que j'ai trop attendu.*

— Dans ce cas, n'entreprenez surtout rien tout seul. Essayez de voir s'il y a d'autres personnes qu'il indispose.

— Certainement.

— Allez donc leur parler et si vous avez besoin d'aide...

... En réalité, Claude n'est pas le seul à appréhender chaque semaine le retour de Guyos. Les sept personnes occupant les deux bureaux situés à proximité sont également dans l'impasse.

A la question : « *Avez-vous déjà essayé de lui en parler ?* »

La réponse est : « *Non ! Il n'écoute personne. Il est colérique et grande gueule. En plus, la direction le soutient. C'est lui qui ramène le plus de sous.* »

***

... Tirant profit des conseils reçus, Claude décide de prendre les choses en main :

Il applique avant tout le plan A :

— Guyos, dis-moi, tu pourrais parler un peu moins fort ? Je n'arrive jamais à travailler quand tu es là et ça devient un véritable problème.

Guyos semble surpris :

— Pardon ? Tu es là depuis plus d'un an déjà et c'est maintenant que tu le remarques ?

— *C'est que je croyais que tu t'en rendrais compte tout seul…*

Il n'a pas le temps de finir.

— *C'est vrai, je parle fort et surtout quand je suis au téléphone. Je suis comme ça. Si c'est vraiment un problème pour toi, demande à changer de bureau.*

— *Ne te moque pas de moi. Tu sais bien que nous avons peu d'espace ici et qu'il n'y a pas de bureau disponible. Je te demande juste de faire des efforts.*

— *Je crains que non. Je parle fort. C'est ainsi. Il va te falloir faire avec.*

— *Tu ne veux pas comprendre ou quoi ? Je risque de perdre mon travail !*

— *Désolé, je ne peux rien faire pour toi ! Tu supportes depuis un an, tu n'as qu'à continuer.*

Non satisfait du résultat, Claude décide d'appliquer le plan B.

En l'absence de Guyos, il va voir les collègues de proximité. A l'unanimité, tous les propos sur le sujet s'accordent. Mais que faire ?

— *Claude, puisque tu souffres plus que nous du problème, contacte la direction et dis-leur ce qui se passe et tu verras bien.* Suggère un collègue.

— *C'est vrai, c'est à toi de le faire. En plus, ton contrat est menacé.* Renchérit un autre.

Et ainsi de suite.

— Vous voulez que je m'en occupe tout seul ? Alors que vous venez vous-mêmes de reconnaitre que la situation vous gêne également.

— Alors que veux-tu qu'on fasse ?

— Faire tous ensemble un courrier à la direction. Je vais l'ébaucher et ensuite nous le validerons et le signerons tous si vous êtes d'accord.

— C'est d'accord...

***

... Quinze jours plus tard, Guyos arriva, s'arrêtant aux portes du couloir pour dire bonjour, contrairement à son habitude.

A la pause, ils étaient tous au coin café, Guyos expliquant qu'il a eu un entretien avec le directeur... Qu'il ne se rendait pas réellement compte de la nuisance qu'il occasionnait et qu'il s'en excusait. Il leur apprit aussi qu'il allait déménager ses affaires et s'installer dans la petite salle de réunion.

Tous l'aidèrent à aménager dans ce nouvel espace de travail. Depuis, la calme règne, le climat de travail agréable et les dossiers traités et rendus dans les délais. Les résultats de Claude sont nettement meilleurs. Il a d'ailleurs été confirmé à son poste.

CE QU'IL FAUT RETENIR

1) Les incivilités sont des formes d'agression. Par conséquent, elles nuisent à la concentration, provoquent systématiquement une baisse de performance individuelle et collective ; ce qui finit par coûter cher à l'entreprise.

Les calculs effectués ici, font état d'un préjudice financier minimal de :

9600€/an, soit 77478€ en huit ans de gouvernance (au moins 7400 heures de travail perdues) pour V Manout ;

38700€/an (au moins 3696 heures de travail perdues) pour Guyos. »

Nb : Mode de calcul simplifié : nombre d'heures de travail perdues par effectif x coût horaire Smic pris comme base collectif de calcul pour les salaires, bien que cela ne soit pas réellement le cas de tous les collaborateurs.

2) Les incivilités constituent autant de chocs émotionnels, vous fragilisant un peu plus chaque jour. Ne les subissez pas ! N'attendez pas pour les contrer ! Combattez-les dès les premiers signes !

Pour approfondir, lire aussi « Dirigeants, Managers, Collaborateurs, ces parasites qui vous nuisent au travail » Histoires des parasites 12 & 13.

9

Absence de loyauté, abus et
« effet boomerang »

<u>Le cas de Pascale M.</u>

Pascale M. est arrivée dans cette entreprise en grandes pompes. Belle et fraîche comme une rose. Un CV long et impressionnant.

Dans cette entreprise au rayonnement national, elle brille et mène à bien les affaires de la succursale dont elle a la charge. Et tout ce qu'elle négocie lui est accordé. En peu de temps, elle a réussi à étoffer son équipe, tandis que les demandes de ses collègues restent lettre morte.

… Pascale M. passe beaucoup de temps au téléphone. En conséquence, elle est au courant de tous les potins : qui a un problème d'alcoolisme, qui est homosexuel, qui a une relation extra-conjugale, qui est en conflit avec qui… Tandis que ses collaborateurs croupissent sous une tonne de travail.

Sa réussite, elle la doit à sa capacité à se faire aimer de ses collaborateurs. A cela, s'ajoute son habileté à détecter les compétences et à confier la bonne mission à la bonne personne.

Malgré la charge de travail, ses collaborateurs ne se plaignent jamais, tant elle multiplie les gestes d'attention : croissants pour le break du matin, gâteaux et autres desserts faits maison pour la pause-café de l'après-midi. Le tout avec une grande convivialité, donnant une impression de famille.

… Une fois par mois, les directrices et directeurs de succursales se rencontrent et échangent sur leurs pratiques, en présence du PDG. Encore une fois, la pugnacité de Pascale M. triomphe. Ce qui n'est pas toujours du goût de ses collègues. Ceux-ci n'appréciant guère son attitude, qu'ils qualifient de condescendante.

Un soir, après une de ces réunions, le directeur général décide de leur offrir un repas dans un grand restaurant de la ville. Une fois les formalités faites, il s'en va. Sur les lieux, Pascale M. profite de l'occasion pour déployer son sarcasme dans toute sa splendeur, sous le regard ahuri de ses collègues.

Dans son élan, elle étale au grand jour les secrets de certains. Sa diatribe faisant, elle se moque de façon ostentatoire du directeur général et du reste de l'équipe de direction, les traitant de noms que la pudeur m'empêche de répéter…

***

… Trois jours plus tard, elle est reconduite hors de l'entreprise, à pied, sans voiture de fonction, ni ordinateur et téléphone portables.

Après son éviction, Pascale M. décide de contester la décision. Pour elle, ses collègues ont agi par jalousie et esprit de vengeance. Elle contacte ses anciens collaborateurs, leur demandant de faire un témoignage en sa faveur et leur rappelant combien elle avait été bonne avec eux.

A son grand étonnement, ceux-ci refusèrent. Arguant que malgré ses gestes de gentillesse, son comportement manipulateur, délétère et méprisant ne leur a pas échappé et que c'était mieux ainsi. Ce qu'elle trouva profondément ingrat.

Le cas d'une responsable comptabilité

Je me souviens de cette responsable du service comptabilité d'une PME, très appréciée par le dirigeant. Ce dernier ne cessait de clamer qu'elle gérait bien les finances de sa société. Elle était célibataire et sans enfant. Un jour, elle s'en va en déplacement professionnel. Elle était arrivée la veille et avait passé la nuit dans un hôtel de standing.

Le lendemain, sa mission terminée, avant de rentrer chez elle, elle décide de faire un petit détour shopping par le centre-ville et finit par manquer son vol. De retour au bureau le lendemain, elle raconte fièrement à son équipe, sa mésaventure.

A la question :

— Et comment tu as fait pour être aussi matinale ?

Elle répondit naturellement :

— J'ai pris une course. Soit 474 km parcourus en taxi.

— Tu te rends compte ! Fait alors une collaboratrice.

— Tu aurais pu prendre un train, attendre le prochain vol…

Ce à quoi elle ajouta :

— Mon lit me manquait trop.

Sans un mot, chacun, la mine déconfite de dégoût, regagna sa place, la laissant plantée là.

Les commentaires occupèrent toute une bonne partie de la journée, dénonçant les conditions esclavagistes dans lesquelles ils travaillaient et traitant le dirigeant de pauvre idiot, de naïf…. Comment a-t-elle osé, alors que nous manquons presque de tout ? Se demandaient-ils.

Parfois, ils ramenaient leurs propres stylos et autres fournitures. Elle, refusant et trouvant menus prétextes, pour ne pas en acheter. Même chose pour les demandes de mutuelle même quand le salarié y avait droit …

Inutile de rappeler à quel point l'ambiance était abominable.

Cas de l'entreprise Fourzan

L'entreprise Fourzan, un grand laboratoire de recherche, avait l'habitude de mettre ses cadres en compétition sur des projets. Cette année-là, c'est Antoine et Alexis qui reçurent la palme.

Pendant des mois, Antoine planche sur le sujet, sacrifiant soirées et week-end. Tandis qu'Alexis ne semble guère s'en soucier.

… Nous sommes le jour J. Dans la salle de conférence, le jury attend. La règle du jeu veut que le candidat qui passe en second, assiste à la présentation du premier s'il le désire. Alexis a demandé à passer en premier. Assis dans la salle, Antoine est au bord de la crise de nerf ! Dès le second slide, il reconnait le fruit de ses nombreuses nuits blanches ! Comment a-t-il pu me faire un coup pareil ? Comment vais-je m'en sortir maintenant ? De nombreuses questions se bousculent dans sa tête.

En voyant Alexis peiner par moment, une idée germe rapidement dans son esprit. Il se cale bien le dos contre la chaise. Et, d'une oreille très attentive, commence à suivre mot à mot la présentation de son collègue, y décelant la moindre faille.

… La présentation se termine. Le jury félicite Alexis pour son travail. Ce dernier parait soulagé. Puis c'est au tour d'Antoine. Avec un cran hors du commun, ce dernier introduit sa présentation ainsi :

— *Messieurs, nous avons décidé de vous faire une surprise et c'est à moi qu'il revient de vous l'annoncer. Alexis et moi avons décidé de mutualiser nos recherches, au vu de la densité du sujet. Nous savons que c'est totalement inhabituel. Mais travailler ainsi a été vraiment très enrichissant pour nous, mais surtout pour le projet.*

Grand étonnement du jury ! Et voilà Antoine, revenant sur de nombreux points négligés et non maîtrisés par son collègue et répondant avec brio aux questions… Puis la présentation se termine encore sous des applaudissements. Les deux participants connaîtront dans quelques jours la décision du jury.

***

Une fois seuls,

— *Alors là, je suis bouche bée ! S'exclame Alexis. Vraiment, je ne sais quoi dire ! Tu es le meilleur et je te remercie sincèrement de m'avoir sauvé la mise !*

— *Ainsi, je t'ai sauvé la mise ! Et c'est tout ?*

— *Non, ce n'est pas tout. Ce que tu viens de faire pour moi, c'est inestimable. Je te remercie vraiment.*

— *Es-tu au moins conscient de ce que tu as fait ? Tu t'es accaparé mon travail en faisant croire que c'est le tien ! J'ai mis des semaines à réunir les informations, à faire les tests… Inutile de te demander comment tu te l'es procuré… Tu as commis un vol, pire un acte de piratage !*

— Excuse-moi, j'avais le couteau sous la gorge. Il fallait impérativement que je leur présente quelque chose.

— Et piquer mon dossier était la meilleure solution ?

— Excuse-moi.

— Et comment vois-tu la suite ?

— Il fallait que je sauve mon honneur, maintenant c'est fait. Sans toi je serai dans la M.

— Et tu crois vraiment que j'ai fait tout ça juste pour sauver ton honneur ? Sache donc que je bouillonne de colère, et que ta malhonnêteté me révolte !

— Toi, tu as tant de facilités !

— Peut-être. Mais je m'en donne surtout les moyens. Si tu m'avais parlé de tes difficultés, je t'aurais aidé, même si nous étions en concurrence.

— Je sais. Je te présente encore une fois mille excuses. Si tu peux ne pas en parler…

— Là mon gars, tu te trompes. Je ferai éclater la vérité.

— Si tu fais ça, je suis cuit.

— Tu l'as bien cherché. Tu as choisi la facilité et maintenant, tu vas assumer tes actes. Je te laisse deux jours, pour apporter un rectificatif auprès des membres du jury.

… Acculé, Alexis dut se résoudre à dire toute la vérité. Les membres du jury, louèrent le comportement d'Antoine. Considérant sa réaction comme le signe d'une grandeur d'âme, d'une humanité et d'une générosité immenses, ils lui attribuèrent l'intégralité de la récompense.

Des mois plus tard, Antoine recevait une promotion. Tandis que pour Alexis, c'était le début de la déchéance. Il perdit tout égard et estime aux yeux de la direction et des collègues. De plus en plus mal à l'aise, il entreprit de prospecter ailleurs.

CE QU'IL FAUT RETENIR

1) L'absence de loyauté a indéniablement un effet boomerang.

2) Nous avons là, un exemple de nombreux travers liés au traitement de faveur, dont bénéficient parfois les collaborateurs nantis de nombreux atouts : beauté, beau parcours, intelligence affichée, haute confiance en soi, grande hardiesse... Ceux-là obtiennent généralement plus facilement ce qu'ils veulent, contrairement à leurs opposés.

Ci-dessous quelques exemples de ces travers :

Égoïsme, nombrilisme et caprice.

Ingratitude et désinvolture.

Zèle et sentiment d'impunité.

3) Les sanctions encourues dans les situations de ras le bol montrent qu'au final, rien ne reste impuni en entreprise. En effet, les entreprises se montrent souvent intraitables avec ceux à qui elles ont déroulé le tapis rouge et leur confiance. Une fois leurs incompétences ou malveillance démasquées, ils en repartent généralement fortement humiliés.

Pour approfondir, lire aussi « Dirigeants, Managers, Collaborateurs, ces parasites qui vous nuisent au travail » Histoire des parasites 14.

10

Finalement, l'habit peut faire le moine !

Le cas de Nathan

Nathan vient d'obtenir son diplôme d'ingénieur. Et il est vraiment brillant et consciencieux. Lorsqu'il s'agit de manager un projet, il est imbattable. Mais il a une particularité :

Quand quelqu'un le demande, la réponse est toujours la même : « *Allez par-là, il est facile à reconnaître* ».

En fait, Nathan doit cette singularité à son style vestimentaire. A le voir, on se croirait à un spectacle de mai 68. Son style est un mélange de « yéyé » et de « hippie », très coloré, très particulier.

Au début, ses collègues pensaient que leurs railleries provoqueraient en lui quelque prise de conscience. Laquelle aboutirait à un changement de style. Ils ont fini par se décourager.

Hormis ce point, Nathan prend du galon sans cesse. Il y a quelques mois, il a été nommé responsable des appels d'offres et chargé de l'implémentation des marchés gagnés.

Justement ce matin-là, le directeur lui apprend que sa proposition a été sélectionnée et qu'il ira passer l'épreuve orale devant un jury composé de six personnes, toutes de grandes pointures.

— *Alors qu'en pensez-vous ?* Lui demande-t-il.
— *Que c'est dans la poche comme toujours.*

***

Une semaine plus tard, Nathan attend son tour dans la salle d'attente attenante à la grande salle de réunion, où, à l'instant même, le jury reçoit un candidat.

Puis, la porte s'ouvre et se referme aussitôt, laissant sortir un homme en costume et cravate. Nathan le regarde, amusé. Quinze minutes plus tard, c'est son tour.

… Dans la salle, la consternation est à son comble. Chacun se demandant, comment cette société en apparence sérieuse, a-t-elle pu envoyer ce clown la représenter ? Elle n'avait personne d'autre ?

Le jury considéra le fait, comme un indicateur de leur manque de sérieux. La société qui pourtant, était à la meilleure place dans la compétition, perdit le marché.

Décision complètement insensée pour Nathan qui était convaincu y être allé par simple formalité ! Et grande déception pour le directeur !

Ce dernier décide alors de tirer les choses au clair. Il contacte le président du jury.

— *Nous ne sommes pas un cirque !* Lui répond-il gentiment. *Vous comprenez donc que cet homme n'a pas sa place parmi nous. Je sais bien que l'habit ne fait pas le moine, mais il y a un seuil à ne pas dépasser…*

— *Je vous remercie pour votre franchise.*

***

… En fin de journée, Nathan entre dans le bureau du directeur :

— … Nathan, nous savons tous que vous êtes brillant et je suis particulièrement content que vous soyez avec nous. Mais, voyez-vous, le seul problème, c'est votre style vestimentaire.

— Qu'est-ce que cela a à voir avec mon travail ?

— Ce que cela a à voir ? C'est que votre accoutrement vient de nous faire perdre un paquet d'argent !

— Vous parlez du jury ?

— En effet. Je pense donc qu'il est temps pour vous de faire un effort dans ce sens. Vous aurez tout le loisir de vous habiller comme bon vous semble chez vous, mais plus ici. Nous ne pouvons pas nous permettre de perdre encore une fois des marchés.

Tenez. Lui dit-il en lui tendant un papier. *Voilà, la liste des coachs en image. Apparemment, ces deux-là sont les meilleurs. Tout sera pris en charge. Je vous laisse réfléchir et l'organiser discrètement avec Gaëlle (l'assistante du directeur) …*

— Merci. Je vais faire le nécessaire.

— Très bien. Vous me tenez au courant ? J'insiste.

Et Nathan s'en alla, un peu déconfit. Une semaine plus tard, il prenait contact avec le coach…

CE QU'IL FAUT RETENIR

1) On dit souvent que l'habit ne fait pas le moine. C'est totalement faux dans le contexte actuel.

2) L'apparence est un outil de promotion, la vôtre. Votre look parle avant vous. Et selon les cas, vous donnerez de vous une impression agréable ou totalement défavorable.

3) L'apparence est un outil professionnel. Plus vous soignerez votre apparence, plus vous paraitrez sain, fiable, crédible et plus les opportunités de carrière s'offriront à vous.

4) L'apparence est un outil relationnel, encore plus dans le contexte actuel. Qu'on le veuille ou non, les personnes qui présentent bien ont souvent plus de facilité à se faire accepter, à trouver des amis, un emploi, à bénéficier de jugements favorables.

Pour approfondir, lire aussi « Dirigeants, Managers, Collaborateurs, ces parasites qui vous nuisent au travail » Histoire de parasites 15.

11

Qui n'a pas encore connu des moments difficiles dans la vie ?

Le cas de Xavier

... Ce soir-là, juste au moment de passer au dessert, ce délicieux fondant aux poires qu'il aime tant, sa charmante épouse depuis seize ans vient poser délicatement un document à côté de son assiette.

Xavier réalise alors avec effroi qu'il s'agit des papiers de divorce.

— *C'est quoi ça ?* S'enquit-il, en se levant dans un vent de panique.

— *Je veux divorcer !* Lui répond-elle calmement.

— *Je ne comprends pas !*

— *Je ne veux plus rester avec toi. Alors, signe les papiers, c'est mieux ainsi.*

Sa décision semble irrévocable. A ce moment-là, Xavier a l'impression qu'une masse vient de s'abattre sur sa tête ! Seize ans de mariage ainsi envolés ? ...

Le lendemain, il est au bureau à six heures du matin, se demandant comment il se retrouve là. Tant de choses se bousculent dans sa tête : comment en est-on arrivé là ? Qu'ai-je fait ? Suis-je aveugle à ce point ?...

***

Xavier a créé sa société d'ingénierie il y a six ans. Il travaille beaucoup, voulant offrir ce qu'il y a de mieux à sa famille et ça lui réussit... Le couple a trois enfants. Au démarrage, ils étaient deux dans la société. Maintenant, il emploie sept personnes. L'équipe travaille dans une bonne ambiance. Même si, pour des raisons de leadership, Xavier observe une juste distance vis-à-vis de son personnel.

— *Oh, comme tu es matinal aujourd'hui ! Tu es tombé du lit ou quoi ?* Lui dit en riant le premier arrivé sur les lieux.

Xavier lui répond par un sourire.

Cet évènement tombe très mal. En cette période, la société doit répondre à un important volume d'appels d'offres. Comme à son habitude, Xavier a soigneusement réparti le travail. Et dans quelques jours, ce sera la synthèse des propositions finales. Le regard hagard, il fixe le tas de dossiers posés sur son bureau, se demandant s'il va y arriver.

... Au fil des jours, Xavier vit un enfer. Il arrive au bureau tel un somnambule et peine à parcourir la petite distance séparant le parking de la porte d'entrée. Il se sent de plus en plus amorphe. Ne parvient plus à dormir, ni à réfléchir, ni à se laver. S'efforçant néanmoins de ne rien laisser paraître. De temps en temps, il surprend les regards interrogatifs de ses collaborateurs. Il sent qu'il faut faire quelque chose.

— *... Et vous, que feriez-vous si vous étiez à ma place ?*

— *Je leur dirai la vérité.*

— *J'y ai pensé, mais c'est tout de même ma vie privée.*

— *Oui. Mais une vie privée qui risque d'avoir des répercussions graves sur votre entreprise. Vous pouvez leur en parler sans entrer dans les détails.*

Pendant que Xavier réfléchit, l'équipe en fait de même de son côté… Puis, ce matin-là, sans prévenir, tous ensemble, ils envahissent son bureau :

— *Xavier, nous avons l'impression que tu as des ennuis, même si tu t'efforces à nous le cacher. Nous ne sommes pas dupes. Si tu as besoin d'aide, nous sommes là. Tu peux compter sur nous.*

— *Je vous remercie…*

***

Une heure avant la fermeture, Xavier se décide à saisir la perche tendue et à solliciter leur aide pour les dossiers restants. Il sait maintenant qu'il n'arrivera jamais à les finir à temps tout seul.

— *Dites, j'aimerais revenir sur ce que vous avez dit ce matin. C'est vrai, je vous dois des explications.*

Trente minutes plus tard dans la salle de réunion,

— *Ma femme a décidé de partir. Voilà ce qui m'arrive.*

Aucune question, mais chacun exprimant sa désolation.

— *Si vous pouviez m'aider pour les trois dossiers qui restent, ce ne sera pas de refus. Je ne pense pas être en mesure de les terminer tout seul.*

… Toutes les réponses furent ainsi déposées dans les délais.

<h3 style="text-align:center"><u>Le cas de Francine</u></h3>

Francine vient d'intégrer le service achat de cette multinationale. Au départ, elle travaillait dans une autre unité où elle était quelque peu en difficulté.

Mme Oti, la responsable du service achat est très humaine. Elle l'a débauchée, convaincue qu'un changement de cadre et une utilisation appropriée de ses compétences dans le domaine des achats amélioreraient sa vie au travail. Elle s'applique particulièrement à réussir son intégration au sein de la nouvelle équipe.

… Tout semble sur les rails. Mme Oti est contente de son recrutement. Puis arrivent les vacances d'été…

A son retour, Francine reprend son poste. Les deux premiers mois se passent sans incident. Puis, c'est une cascade d'erreurs, de documents systématiquement incomplets, mal présentés, des plaintes des clients… Surprise par ce retournement de situation, Mme Oti la convoque et lui fait part de sa déception.

En guise de réponse, elle reçoit un flot de larmes. Dès lors, à chaque remarque, la réaction est la même. Francine semblait pourtant heureuse d'intégrer son équipe. Mme Oti ne comprend plus. Elle se sent mal, se culpabilise. La situation la préoccupe…

— Mme Oti s'inquiète beaucoup à votre sujet, vous savez ?

— Je sais. Je suis devenue très susceptible.

— Comment l'expliquez-vous ? Vous avez des soucis ?

— En quelque sorte oui. Mais ce n'est pas facile d'en parler. C'est personnel.

— Je comprends. Le problème est que ça empiète sur votre travail, celui des collègues et sur le moral de votre manager. Elle se culpabilise. Il va vous falloir faire quelque chose. La situation ne peut plus durer.

— Je sais.

— Très bien.

***

… Une semaine plus tard,

— C'est vrai, je suis complètement chamboulée.

Francine consent enfin à raconter son histoire : lors des dernières vacances, elle a rencontré Robin sur une plage du sud de la France. Un vrai coup de foudre. Elle aurait voulu trouver du travail sur place pour rester près de lui, mais en cette période estivale, peu d'opportunités de carrière pour les cadres sont affichées.

Elle vit de plus en plus mal cette relation à distance. Elle passe les nuits à réfléchir, ne dort pas assez. En conséquence, elle est fatiguée et sent qu'elle devient de plus en plus susceptible et particulièrement soupçonneuse vis-à-vis de son amoureux. Un appel en absence et la voilà qui fond en larmes, l'imaginant dans les bras d'une autre.

Pleurant de tout son saoul et se présentant le lendemain au bureau avec une tête d'enterrement…

Maintenant, tant de questions se pressent dans sa tête : dois-je prendre le risque de démissionner pour le retrouver ? Dois-je mettre fin à cette relation qui devient de plus en plus compliquée ? … Elle se sent prise au piège, ne sachant quoi faire.

— Vous comprenez maintenant ? Je ne peux pas lui en parler. C'est mon chef.

— Je comprends, mais elle semble avoir pourtant une bonne écoute et une sensibilité pour que vous lui en parliez.

— C'est mon chef tout de même. Je ne veux pas l'embêter avec ça.

— Dans ce cas, essayez de voir clairement avec votre ami, pour vérifier la réciprocité de ces sentiments et évoquer votre projet de déménagement.

— Je pense qu'il sera partant, nous avons passé de très bons moments.

— Alors, donnez-vous la peine de vous assurer une dernière fois, que vous êtes toujours sur la même longueur d'ondes.

… Au fil du temps, les appels téléphoniques se raréfiant, Francine finit par réaliser que ce qu'elle prenait pour le grand amour, n'était pour Robin qu'une simple amourette d'été. Elle pleura, pleura.

***

Elle se décida enfin à aller voir Mme Oti et lui raconta le fin mot de l'histoire. La bienveillance de cette dernière la rassura. Au vu de son état, elle lui conseilla de rentrer chez elle, de bien se reposer et de lui revenir apaisée et en pleine forme. Le lendemain, un arrêt maladie de quinze jours arriva dans l'entreprise.

... Francine a vaincu sa dépression et repris depuis, le cours de sa vie.

Le cas de Caroline D.

Sous la pression syndicale, l'entreprise RENADIE s'est dotée d'un joli « espace café ». La plupart apprécient le raffinement de cet endroit et reconnaissent que ce lieu aide à rompre les barrières.

Caroline D travaille au service paye de l'entreprise depuis une quinzaine d'années. Elle est sociable et aime bien discuter. Rien d'étonnant à ce qu'elle soit connue de tous.

Ce comportement s'est accentué ces dernières années. Elle se rend cinq à six fois par jour à l'espace pour se servir une petite tasse de café. Et autant de fois, elle s'arrête à la porte de plusieurs bureaux longeant le couloir, avant d'arriver au sien.

Elle se plaint sans cesse du travail en retard et de la fatigue, des dossiers qui s'accumulent, de ses collègues qui ne l'aident pas, de sa hiérarchie qui ne la comprend pas. Chaque fois que son supérieur hiérarchique fait une remarque sur son rythme de travail, elle s'offusque. Racontant à qui veut l'entendre qu'il ne l'aime pas.

Depuis six ans environ, au moment d'établir les payes, elle apporte systématiquement un arrêt maladie de plusieurs jours. Au départ, nombreux sont ceux qui râlaient dans le service. Puis, au fil du temps, son absence périodique a fini par être intégrée, bien qu'à contre cœur, au fonctionnement du service, comme un fait normal.

***

… Puis, la société est rachetée. Lors de son allocution, Jacques le nouveau directeur rappelle les valeurs chères à l'entreprise : sérieux dans le travail, rigueur d'organisation, assiduité… Certains en profitent pour chahuter ouvertement Caroline.

Quelque temps après, dans le bureau de Jacques :

— *Madame, on s'est plaint de vous. Apparemment, vous passez beaucoup de temps dans le couloir. Et vous posez systématiquement des jours de congé au moment d'établir les payes ; alors que c'est à cette période-là qu'on a le plus besoin de vous. Pouvez-vous m'en expliquer les raisons s'il vous plaît ?*

— *Parce qu'on m'a diagnostiqué un cancer il y a six ans et il ne faut surtout pas que je stresse.*

— *Pardon.* Dit-il avec gêne. *Et personne ne le sait ici je suppose.*

— *Oui. Je ne voulais pas que l'on s'apitoie sur mon sort. Je m'entends plutôt bien avec tout le monde et c'est vraiment important pour moi. C'est mieux ainsi.*

— *Je comprends. D'un autre côté, ce n'est pas facile pour vos collègues.*

— *Je ne veux pas leur en parler. Je ne veux pas qu'ils me considèrent comme une malade. Je peux compter sur vous ?*

— *Sans problème.*

— *Merci de tout cœur.*

— Mais ne pensez-vous pas qu'il serait préférable pour vous de changer de service, pour ne plus mettre vos collègues dans l'embarras ? Je vous propose d'y réfléchir et de nous revoir dans deux semaines pour en parler. Le vendredi 9h ça vous irait ? Je regarderai également de mon côté.

— Oui.

— En attendant, j'aimerais que vous preniez malgré tout votre pause en même temps que tout le monde et fassiez l'effort de passer moins de temps au couloir. C'est faisable pour vous ?

— Oui.

— Je vous en remercie. Ma porte vous reste ouverte.

— Merci beaucoup.

… Caroline D a bel et bien changé de comportement. Elle a été mutée dans un autre service.

Le cas Bensint

M. Bensint dirigeait une entreprise de soixante personnes. Ce jour-là, il me dit :

— *Vous ne pouvez pas faire quelque chose pour mon responsable logistique ?*

— *Dans quel sens ?* Fis-je intriguée.

— *J'en ai marre de le voir toujours fourré ici, comme si l'entreprise était toute sa vie. Ce n'est pas normal. Si je ne veillais pas, il viendrait travailler même les dimanches.*

***

… Il informa le salarié de son inquiétude et lui proposa de me rencontrer. Ce que ce dernier accepta.

M. Bensint lui finança un programme de life coaching. Cela passa par une analyse de situation, assortie d'objectifs, de défis, une revue complète de sa garde-robe et des temps de suivi. En fait, M. Bensint avait vu juste. La situation de son collaborateur n'avait rien de normal.

Grâce à ce travail, le collaborateur retrouva de nouveau l'envie de s'ouvrir plus grandement vers l'extérieur. Il reprit les activités sportives, recommença à sortir et se trouva une copine. Sa présence en entreprise devint plus réglementaire.

CE QU'IL FAUT RETENIR

Comme il est agréable de constater que la solution apportée à chaque situation, met en évidence la face humaine de l'entreprise, contrairement à celle d'un lieu insensible qui a tendance à lui coller à la peau !

Sachez donc que :

1) Vous ne pouvez ignorer les variations de comportement survenant autour de vous.

2) Si vous ne faites rien, la souffrance d'un tiers (supérieur, collaborateur ou un proche) devient la vôtre.

3) Quant à vos propres difficultés, n'oubliez surtout pas ceci : **tant que les entreprises seront gérées par les Hommes, il y aura toujours une oreille attentive pour les personnes en détresse. A condition de choisir le bon confident.**

Pour approfondir, lire aussi « Dirigeants, Managers, Collaborateurs, ces parasites qui vous nuisent au travail » Histoires des parasites 16 & 17 & 18.

12

« Elle arrive le matin pile à l'heure et ne reste pas une minute de plus »

Le cas de Georges

Alors qu'il s'apprête à quitter sa chambre d'hôpital, le médecin s'approche de lui :

— Je vous le redis une dernière fois. Vous ne pouvez pas continuer à travailler ainsi. Il vous faut quelqu'un pour vous soulager. La prochaine attaque vous sera certainement fatale.

… Je me souviendrai toujours de ma rencontre avec Georges, propriétaire d'un garage. C'était dans le cadre d'un projet de recrutement.

Après de nombreuses tentatives avortées, il avait fini par trouver Annabelle. Il en était insatisfait. Il trouvait qu'elle ne travaillait pas assez vite. Elle arrivait pile à l'heure, jamais une minute de trop ni de moins. Elle laissait le travail en plan dès que 17h30 sonnait.

Il était très révolté par ce qu'il considérait comme un manque de motivation et accusait notre système social d'être un peu trop confortable. Il en était même à douter de la véracité des compétences mentionnées sur son CV.

… Le garage se situait au fond de la cour, les murs noircis. Il fallait passer par une petite porte et se courber pour y entrer.

Juste à côté de cette ouverture de fortune, des toilettes, dont la blancheur des murs avait viré au marron foncé depuis des lustres, laissaient échapper une odeur d'urine insupportable. J'en eus la nausée.

Puis, un petit cagibi sans porte. C'est lui qui avait été transformé en bureau, pour y installer la secrétaire. Sur la table, un téléphone ancien, modèle des années 80 et un vieux cahier tout aussi noirci. Il y avait aussi une chaise dans le même état de saleté.

***

… Je restai quelques minutes avec Annabelle. Elle me regarda droit dans les yeux et me dit :

— *Répondez-moi franchement Madame, vous travailleriez, vous-même, dans un endroit pareil ?*

Je n'avais pas encore répondu qu'elle ajouta :

— *Je suis obligée d'apporter mes propres stylos, blocs notes, je me retiens toute la journée… Vous trouvez ça normal ? Alors, je vais être franche avec vous. J'essayerai de tenir jusqu'à ce que j'aie suffisamment d'heures pour ouvrir à nouveau des droits au chômage…*

Puis, je repris la parole :

— *Pour répondre à votre question, je pense sincèrement que j'aurais beaucoup de mal.*

— Vous voyez ? C'est normal que personne ne veuille rester ici. Je passe plus de temps à me pincer le nez qu'à travailler, surveillant en permanence l'heure pour rentrer chez moi.

— Je vous comprends. Et si les conditions de travail venaient à changer, resteriez-vous ? Il a vraiment besoin de quelqu'un et vous êtes déjà là...

— Qu'entendez-vous par là ? Oui je pense.

— Dans ce cas, je vous propose de voir ensemble ce qui mérite d'être amélioré et j'en parlerai avec lui.

... Toutes deux, nous listons :

L'état global du local.

Réfection des locaux, bureau, couloir et sanitaires.

Le secrétariat : un ordinateur et logiciels adaptés ; achat du mobilier, petit matériel de bureau et de nettoyage...

— Merci bien. Maintenant, je vais voir avec lui et vous tiens au courant.

***

... Une équipe de nettoyage vint et passa les locaux au peigne fin...

Sept ans plus tard, Annabelle est toujours en poste. Quant à Georges, il s'est spontanément mis en adéquation avec le nouveau look de sa société. Il en est fier et semble plus serein.

CE QU'IL FAUT RETENIR

1) La propreté et un beau cadre de travail favorisent l'aisance au travail et l'implication. Créant de ce fait, les bases d'une plus grande stabilité des équipes et d'une meilleure rentabilité.

2) Collaborateurs soyez donc acteurs de votre bien-être au travail. Faites valoir vos besoins. Négociez la transformation de votre cadre de travail et l'obtention de moyens adaptés si nécessaire.

Pour approfondir, lire aussi « Dirigeants, Managers, Collaborateurs, ces parasites qui vous nuisent au travail » Histoire des parasites 19.

13

« Il aime me masser les épaules,
ça ne me plaît pas du tout »

Le cas d'Edouard, le PDG

Madame Jennifer D. a été embauchée dans la société FAERG, au poste de Responsable de développement. Son bureau est installé à proximité de la machine à café. L'accueil des équipes en place est chaleureux.

Très vite, certains s'étonnent de voir Edouard le PDG, habituellement cloîtré dans son bureau, traverser le couloir plusieurs fois par jour depuis son arrivée. Fait rare ! Il se sert un café, puis, entre dans le bureau de la jeune femme.

Cinq ans auparavant, Edouard était un chef d'entreprise très présent et disponible pour ses collaborateurs. Puis, un après-midi, un appel lui annonça que son épouse s'était tuée en voiture…

L'arrivée récente de Jennifer, semble lui avoir apporté un nouveau souffle ! Edouard sort de plus en plus de son bureau. Il lui arrive même de sourire. Elle est âgée de 26 ans, titulaire d'un Master1 et mariée depuis 4 ans avec un peintre en bâtiment. C'est d'ailleurs à la suite d'un chantier dans la société, qu'elle a eu vent du projet de recrutement…

Edouard se montre particulièrement bienveillant et disponible. Il se libère souvent pour tenir des réunions avec elle sur la stratégie de la société. Lors de ces réunions, il n'hésite pas à s'improviser kinésithérapeute, lui massant le cou et les épaules, sous prétexte de chasser le stress…

La première fois, Jennifer est déstabilisée. C'est son directeur tout de même. Elle se dégage doucement, prétextant un document oublié dans sa voiture. Elle pensait ainsi qu'il comprendrait et qu'il ne serait plus là à son retour. Peine perdue. Depuis, le scénario se produit souvent ; elle, trouvant des prétextes pour s'en échapper.

Ce manège la perturbe, lui perd du temps et la met en retard dans son travail. Tout cela la contrarie. Elle se sent de plus en plus mal à l'aise. Chaque fois qu'Edouard franchit le seuil de la porte, Jennifer se contracte. Elle sait que c'est au moins une demi-heure, voire plus de perdu.

L'agacement occasionné par ces interruptions monte de jour en jour, sans qu'elle ne sache comment faire pour y mettre fin. Elle appréhende maintenant de se rendre à son travail.

***

... L'entreprise est dynamique et fait souvent appel à des intervenants extérieurs. Justement, en ce moment, plusieurs formations sont en cours, dont la mienne.

Ce jour-là, alors que les bureaux sont presque vides :

— *Bonjour, c'est bien vous qui intervenez sur… ?*

— *Oui !*

— *Je ne sais pas si vous pouvez faire quelque chose pour moi.*

— *Voyons déjà de quoi il s'agit. Venez !*

— *Merci beaucoup. J'ai des soucis avec le PDG. Mais avant, promettez-moi s'il vous plaît, que ça restera bien entre nous.*

— *Très bien. Vous pouvez parler...*

— *Heu ! En fait, je ne sais quoi faire.*

— *Expliquez-moi.*

— *Il est toujours fourré dans mon bureau, improvisant à tout moment des réunions ; soi-disant pour me communiquer ses nouvelles idées avant qu'elles ne tombent dans l'oubli. Et sur ce point, il est très prolifique. Plusieurs fois par jour, il vient me voir. Même les collègues commencent à se douter de quelque chose. Et ça devient agaçant à la longue.*

— *Est-ce une mauvaise chose que de vouloir partager ses idées avec vous ?*

— *Non, pas du tout. Le souci, c'est que ce n'est pas tout. Non seulement il m'empêche de me concentrer, mais en plus, à chaque fois, il se plante derrière moi. Et, sans demander mon avis, commence à me masser le cou et les épaules ; détectant çà et là, des contractions que j'ignore et expliquant que le travail que je fais est stressant.*

— *Ah !*

— *Et moi, ça commence à m'énerver.*

— *Et ça dure depuis quand ?*

— *Trois mois. La première fois, j'étais prise de court et maintenant, je me sens de plus en plus piégée. J'essaye* chaque fois de l'éviter en faisant semblant d'avoir oublié un document dans la voiture, mais ça ne marche pas.

— Et que comptez-vous faire ?

— Si je le savais, je ne serai pas là. Je n'en dors plus. J'ai vraiment besoin d'un conseil.

— Il suffit de lui dire ce que vous en pensez par exemple.

— J'aimerais bien, mais je ne sais pas comment m'y prendre. Voyez-vous, j'aime mon travail et j'ai des bouches à nourrir.

— Est-ce une raison essentielle pour subir ?

— Je ne dis pas cela.

— Alors ?

— J'ai peur qu'il le prenne mal.

— Si vous n'essayez pas, vous ne le saurez jamais. Donnez-lui la possibilité de vous dire clairement ses intentions. Et si sa proposition ne vous intéresse pas comme cela semble être le cas, faites-le lui savoir franchement, sans pour autant lui faire perdre la face. En revanche, si vous ne dites rien, il continuera à « prendre soin de vous ».

— A votre avis, comment faire ?

— Il suffit de choisir le bon moment. Par exemple, la prochaine fois qu'il vous touche, excusez-vous. Inutile de trouver de faux prétextes. Saisissez plutôt cette opportunité pour en parler.

— Et pour lui dire quoi ?

— Exactement ce que vous venez de me dire : que ses massages vous mettent mal à l'aise et que vous aimeriez qu'il arrête ...

— Et s'il le prend mal ?

— Vous n'aurez qu'à chercher un autre boulot. Mais avant, parlez avec lui.

— C'est certainement la meilleure chose à faire. Mais vous savez aussi que c'est difficile en ce moment de trouver un boulot. Moi, je ne peux me permettre de perdre cet emploi.

— Je l'ai bien compris. D'abord, il n'est pas certain que vous perdiez votre emploi. Et puis, si c'est le cas, vous en retrouverez un autre. Voilà ce que je peux vous dire. A vous de voir ce qui est mieux pour vous.

— J'ai cherché du travail pendant cinq mois et c'est grâce à Paul, mon mari si je suis ici.

— Et il est au courant de ce qui se passe ?

— Absolument pas. Il lui foncerait dessus. En même temps, vous vous doutez bien de l'immense réseau d'Edouard. Je n'ai pas envie de tout foutre en l'air.

— Il est quelqu'un de violent votre mari ?

— Pas du tout.

— Alors votre peur n'est pas justifiée...

***

… D'autres échanges sur le sujet finissent par étayer la méthode de Jennifer pour résoudre le problème. Deux semaines plus tard, un rendez-vous client conduit Jennifer et Edouard à Paris. Ils sont arrivés la veille, chacun de son côté et deux chambres leur ont été réservées.

Le soir venu, assis au fond de la salle de ce restaurant huppé parisien, tous deux discutent des derniers détails de leur dossier. Avec délicatesse, Edouard pose ses mains sur les siennes et commence à les caresser. Ouf, voilà le serveur qui arrive !

Une fois de nouveau seuls, il tente de lui reprendre la main tout en la dévorant des yeux.

— *Excusez-moi !* Lui dit-elle en retirant ses mains et les plaçant sur ses genoux sous la table.

— *Pardon !* Fait Edouard.

Jennifer sent l'indignation l'étouffer. Elle respire profondément et prend la parole :

— *Dites-moi Edouard, que pensez-vous de mon travail ?*

Edouard parait surpris de ce brutal changement de sujet. Néanmoins, il consent à lui répondre :

— *Bien. Je dois dire que j'ai bien fait de vous embaucher. Grâce à vous, nous avons bien remonté l'axe...*

— *Je suis heureuse de le savoir. Merci beaucoup. J'en profite donc, pour vous dire à mon tour que j'aime beaucoup mon* travail. Mais, la situation devient vraiment intenable pour moi.

— De quelle situation parlez-vous ?

— De la nôtre.

— La nôtre ?

— Oui ! Ça fait longtemps que je cherche le moyen de vous en parler.

— Me parler de quoi ?

— De vos irruptions dans mon bureau, qui m'empêchent de me concentrer et de faire un excellent travail, de vos massages... Tout cela ne me convient pas du tout.

Edouard ne dit plus rien. Il est assis là, fixant un point invisible. Au bout d'un moment :

— Excusez-moi, vous auriez dû me le dire tout de suite.

— J'avais peur de vous. J'avais peur de vous énerver.

— Certes, je mentirais en prétendant que vous ne me plaisez pas. Ne me dites pas que vous n'aviez pas compris.

— Pour moi, il n'y a rien à comprendre. Je suis là pour travailler, c'est tout. Je suis mariée et vous connaissez bien mon mari...

— Ces choses-là ne se commandent pas...

— Je comprends, mais, je ne suis pas libre comme vous le savez et j'aime profondément mon mari.

—Très bien. Dorénavant, je ne vous importunerai plus.

— *Merci bien. J'espère au moins que vous ne m'en voulez pas.*

— *Pas du tout, soyez-en rassurée.*

— *Comme je me sens plus légère à présent ! Je commençais à perdre le sommeil.*

— *A ce point-là ? Très bien ! Le sujet est clos.*

— *Pour moi aussi. Tout ceci bien évidemment reste entre nous.*

— *Je vous en remercie.*

***

... Pendant un moment après ce fameux soir, Edouard resta très discret, le plus souvent enfermé dans son bureau.

— *Dis Jennifer, on ne voit plus Edouard ! Il s'est passé quelque chose ?*

— *Je ne sais pas. Il ne me fait pas de confidences vous savez...*

Puis, il a repris le dessus. Il est de nouveau présent dans l'entreprise. Les réunions avec Jennifer sont planifiées à l'avance et leurs rapports sont purement professionnels, avec toutefois une convivialité raisonnable. Personne dans l'entreprise n'est au courant des faits.

Quant à Jennifer, elle a été confirmée à son poste et rayonne. Dix ans plus tard, elle travaille toujours chez FAERG.

CE QU'IL FAUT RETENIR

1) Il est toujours possible de sortir la tête haute des situations compliquées.

A condition toutefois, de proscrire dans toute situation :

La lâcheté.

L'ambiguïté.

Le mercantilisme.

L'agressivité.

L'humiliation et le mépris.

La force, la vengeance...

2) Ne jamais profiter de votre situation de force, face à quelqu'un qui a fauté. Votre comportement sera alors identique à celui que vous êtes en train de combattre.

Pour approfondir, lire aussi « Dirigeants, Managers, Collaborateurs, ces parasites qui vous nuisent au travail » Histoire des parasites 20.

- 14 -

« Je suis une laissée pour compte »

Le cas Flavie

Flavie est entrée dans ce cabinet de soins juste après sa sortie de l'école, il y a dix ans. Elle est mariée et a trois enfants de trois, cinq et huit ans.

Sept personnes y travaillent : quatre spécialistes employeurs et trois assistantes. Le contraste entre ces dernières est flagrant : les deux autres sont en permanence vêtues comme si elles allaient fouler le tapis rouge. Tandis que Flavie elle, s'habille très simplement. Elle est volontaire et ne se plaint jamais.

Humaine et rigoureuse, elle est toujours prête à aider. Qu'il s'agisse de s'absenter une heure ou plus, la voilà qui remplace la collègue dans le besoin. Qu'il s'agisse d'un dossier en retard, la voilà qui propose son aide.

… Puis, il y eut une première réorganisation, impulsée par des restrictions budgétaires. Au départ, chaque assistante disposait d'un bureau. Avec cette nouvelle organisation, elles n'ont plus que deux bureaux : un grand et beau bureau pour deux, voire trois personnes et un tout petit, qui, jusque-là, servait de cagibi.

Sans concertation, les deux assistantes s'installent dans le grand bureau. Quant à Flavie, elle doit se contenter du petit. Elle propose d'organiser l'espace autrement et d'utiliser plutôt cette petite pièce pour les archives. Ses collègues refusent. Flavie se sent mise à l'écart, mais ne dit rien. Elle n'aime pas faire de vague.

… Ensuite, il a fallu revoir les horaires. Les employeurs exigeant, la présence d'une assistante dès 7h30 le matin et le soir jusqu'à 19H00, deux fois par semaine. Encore une fois, ses deux collègues prennent les créneaux les plus confortables, alors que leurs enfants sont déjà au collège. Les arguments de Flavie pour remettre en cause ce nouveau planning se heurtent à un refus catégorique. Elle se tourne alors vers les employeurs. Ces derniers lui rappellent que de nombreuses personnes sont au chômage…

Flavie est contrainte d'embaucher une nounou. Ce qui entraine un surplus de dépense pour le foyer, sans aucune aide.

***

Petit à petit, son corps commence à se raidir. Se retourner dans le lit, lever les bras, se courber, pencher la tête à droite, à gauche, tous ces mouvements deviennent une véritable torture.

Elle pleure le matin avant de se rendre au travail et recommence une fois rentrée chez elle. Elle dépérit à vue d'œil. Son mari s'en inquiète.

L'autre jour, ils ont été convoqués à l'école, les enseignants ayant constaté depuis quelque temps, des accès de violence chez leur fille de 8 ans.

… Deux mois plus tard, encore un changement d'horaires : la présence d'une assistante aux créneaux antérieurement indiqués, est désormais un impératif journalier. Cette fois, Flavie prend les devants :

Pas de réaction ! Ce qu'elle ignore, c'est que, le nouveau planning validé par la direction l'attend dans sa messagerie. Elle constate que les trois jours lui ont également été attribués.

— Comment avez-vous pu me faire une chose pareille ?

Elle n'obtient aucune réponse. Du côté de la direction, le message est clair : Arrêtez de vous plaindre. Nous n'avons pas l'intention de vous licencier, mais, si vous voulez nous quitter, allez-y ! Vous n'aurez pas un centime de notre part. Flavie n'en revient pas. Elle quitte le bureau en pleurs.

Les jours suivants, elle continue à venir au travail comme à son habitude. Elle ne voit presque plus ses enfants. Ses collègues ne lui parlent plus, pas plus que les employeurs.

Ses tentatives pour une rupture conventionnelle sont toutes rejetées. Elle est au plus mal. La troisième semaine suivant cette réorganisation, un arrêt maladie atterrit sur le bureau des employeurs, suivi d'un autre.

Suivant les conseils, elle porta l'affaire devant les tribunaux et obtint gain de cause.

CE QU'IL FAUT RETENIR

1) Manquer de confiance en soi fait de vous une parfaite et éternelle proie. Ne vous laissez pas faire.

2) Soyez vous-même acteur :

Réactif et percutant dans la dénonciation des faits malveillants et gênants.

Hardi dans la recherche de solutions d'apaisement et de résolution.

Intransigeant face à la récidive.

Pour approfondir, lire aussi « Dirigeants, Managers, Collaborateurs, ces parasites qui vous nuisent au travail » Histoire des parasites 21.

Différence de génération : ami ou ennemi ?

Le cas Jean-Philippe Z.

« Monsieur, vous recrutez dans le cadre d'un contrat en alternance, je vous propose ma candidature… ».

C'est ainsi que Jean-Philippe Z. se retrouve dans cette PMI de quatre-vingt-quinze personnes. Pendant deux ans, il va contribuer à optimiser les méthodes de maintenance curatives et préventives.

L'atelier total compte environ soixante-cinq permanents, avec une moyenne d'âge oscillant entre trente-sept et cinquante-trois ans. Jean-Philippe lui, a vingt et un ans. Il est serviable, respectueux, un peu timide et surtout travailleur.

Il est régulièrement l'objet de railleries et cela perdure. Toujours sous prétexte de blaguer, certains l'insultent ; le traitant de vaurien ou se moquant méchamment de son physique.

… A l'issue des deux ans, Jean-Philippe obtient brillamment son BTS. L'entreprise lui propose un poste de technicien, avec évolution vers celui de Responsable de maintenance. Il y voit une belle opportunité de carrière et signe son contrat.

Bien que son statut dans l'entreprise ait changé, l'attitude des collègues, elle, reste constante. Ils persistent à l'appeler l'apprenti. Lui demandant d'aller leur préparer du café à la pause comme à l'époque de sa formation. Balayant d'une main chacune de ses propositions lors des réunions.

Pourtant, Jean-Philippe continue à leur rendre maints services, parfois au détriment de son propre travail.

— *JP, tu peux m'apporter la pièce BG500… ?*

Et le voilà qui s'exécute, abandonnant l'activité en cours.

— *JP, t'es vraiment un bon à rien ! Tu colles des étiquettes partout, nous ne sommes pas aveugles !*

— *Hé, tu m'insultes là !* Se hasarde-t-il timidement.

— *Non !*

— *Si !*

— *Hé ! N'en fais pas une affaire d'Etat. Il voulait juste rigoler.*

— *Allez, ne sois pas si susceptible, petit con.* Renchérit un autre en riant.

— *Décidément, ces jeunes ne comprennent rien à rien !*

***

… Et pendant cinq minutes au moins, chacun rajoute sa part d'insulte. Non satisfait des moqueries, Vincent fait tomber exprès les cartons de vis que Jean-Philippe vient de ranger.

— *Tu ferais mieux d'oublier tes cours, c'est de la merde ! Nous, on travaille ainsi depuis toujours et ça marche.*

Des propos que Jean-Philippe entend tout au long de la journée. A tour de rôle, chacun ramenant son petit grain de sarcasme.

Lors des réunions, rien de ce qu'il dit ne semble les intéresser :

— *Qu'est-ce que tu vas encore nous raconter là ? Que des conneries !*

— *Tu verras nous allons t'apprendre le métier.*

… Jean-Philippe se sent de plus en plus mal, face à ce qu'il considère comme un manque de respect. Il a l'impression de ne pas être à sa place et d'être nul. Maintenant, il n'ose plus intervenir, même lorsque cela peut s'avérer judicieux.

Plusieurs fois déjà, cette abstinence lui a valu les réprimandes de la direction. Jean-Philippe est au bord de la dépression. Pour le responsable d'atelier, son supérieur hiérarchique, « les vieux » aiment bien taquiner le jeune. Rien de méchant.

… Ce matin-là, en discutant avec un membre de l'équipe :

— *Dites, tout va bien dans l'atelier ?*

— *Globalement, oui.*

— *Et Jean-Philippe ?*

— *Vous savez, il est comme tous ces jeunes qui se la « pètent intello ». Il se croit supérieur à nous. Et ça ne nous plaît pas trop.*

— *Et qu'est-ce qui vous fait penser cela ?*

— *Son attitude. Il ne prend jamais le café dans la salle de repos avec nous, ni ne mange avec nous. C'est pareil pour les vestiaires. Monsieur préfère se changer dans sa voiture,* comme si nous sommes des pestiférés ! Et il veut qu'on soit copain avec lui ? Il rêve.

Les propos sont virulents.

— *Et vous avez essayé d'en parler avec lui ?*

— *Nous n'avons pas de temps à perdre, ni à jouer au psy.*

— *Peut-être qu'il est juste timide ?*

— *Inutile d'essayer de lui trouver des excuses. Il nous méprise, c'est tout.*

***

… Une fois à l'abri des oreilles indiscrètes :

— *…Et vous Jean-Philippe, tout va bien ?* M'enquis-je.

— *C'est difficile, je dirais même très difficile.*

Il ne semble pas en grande forme.

— *C'est-à-dire ?*

— *Ça ne va pas du tout. Ils ne me respectent pas. Ils sabotent mon travail et m'insultent souvent sans raison…*

— *Et que comptez-vous faire ?*

— *Rien. Je vais suivre le conseil du chef : attendre que ça passe.*

— *Bien. Et ils font ça depuis combien de temps ?*

— *Depuis mon apprentissage.*

— *Donc un peu plus de deux ans !*

— *Exact.*

— Et vous croyez que ça s'arrêtera un jour comme par miracle ?

— A vrai dire, je commence à en douter. Je suis à bout.

— Et alors ?

— Je ne sais quoi faire. J'aime beaucoup mon travail.

— D'après vous, leur comportement est dû à quoi ?

— Je ne sais pas. Je crois qu'ils n'aiment pas les jeunes diplômés.

— Ah ! Sur quoi vous basez une telle opinion ?

— La façon dont ils me traitent. Je suis le plus jeune et le plus diplômé.

— C'est pour cela que vous n'allez ni en salle de repos ni dans les vestiaires ?

La question le surprend visiblement.

— Non, pas du tout. Ça n'a rien à voir avec ça.

— Peut-être oui, peut-être non. Ce sont des espaces de partage. Et vous, vous n'y allez jamais.

— Ça n'a aucun intérêt pour moi.

— Donc vous ne voulez pas vous mêler à eux. Y a-t-il une raison particulière à cela ?

— Oui !

— Alors expliquez-moi.

— Autant aller voir sur place si vous voulez. Venez, je vais vous montrer.

***

… Quelques minutes plus tard, nous étions sur les lieux. Ce que je vis me laissa sans voix : des images à caractère pornographique exponentiellement obscènes !

— *Vous voyez ?* Me dit-il. *Ce n'est pas ma tasse de thé.*

— *Je comprends. Et la direction sait qu'il y a ça ici ?*

— *Non, je ne pense pas. Ils ne viennent jamais par ici.*

… La semaine suivante, Jean-Philippe fait part de son intention de démissionner.

— *JP veut s'en aller et ça ne nous arrange pas.* Dit le responsable de production. *Il nous a mis en place un système de gestion des pannes qui marche très bien, mais ses aînés ne lui facilitent pas la tâche.*

— *Ne lui facilitent pas la tâche ? Il me semble qu'ils font plus que ça. Vous devriez sérieusement voir ça de près. Il n'est pas bien ici.*

— *A ce point ? Je sais qu'ils l'embêtent un peu, mais il n'y a rien de méchant là-dedans.*

— *A vous de voir. Peut-être que sa décision n'est pas définitive pour l'instant et qu'il attend juste une réaction un peu plus stricte de votre part.*

… En ce début d'après-midi, tous sont présents à la réunion organisée pour faire le point sur l'atelier. Le projet de démission de Jean-Philippe figure au premier point de l'ordre du jour.

Pour la première fois, il évoque publiquement son mal-être du fait des brimades, insultes, blagues cinglantes et douteuses qu'il subit tous les jours.

Le groupe, lui, semble dérouté :

— *Nous, on voulait juste te chahuter un peu.*

— *C'est vrai que parfois, ça va un peu loin. C'est souvent pour rire. Mais nous ne voulons pas que tu t'en ailles.*

— *Ce qui ne nous plaît pas, c'est ton attitude depuis que tu es là. Tu nous évites. Les seuls moments où on peut être ensemble, c'est lors des pauses café et aux vestiaires et toi, tu n'es jamais là.*

— *C'est à cause des affiches sur les murs. Elles me mettent vraiment mal à l'aise.* Explique Jean-Philippe.

— *Ah, c'est ça ? Il fallait le dire. C'est juste des petits délires entre nous.*

— *Je comprends, mais je ne peux vraiment pas.*

— *Si ça te gêne autant, nous allons les enlever.*

— *Tu aurais dû nous le dire plus tôt. Ce n'est pas un problème.*

Ils ont l'air véritablement ennuyés et sincères, se confondant encore et encore en excuse… Tandis que Jean-Philippe semble retrouver de l'assurance :

— *Je vous promets d'utiliser désormais la salle de repos et les vestiaires dès que, vous aurez enlevé ce que vous savez.* Dit-il en leur faisant un clin d'œil.

— *Alors tu restes ?*

— Evidemment.

Lueur de joie dans les regards et soupir de soulagement du responsable de production !

CE QU'IL FAUT RETENIR

1) Insulter quelqu'un même sous prétexte de blague n'a rien de réjouissant ni de galvanisant. C'est une agression mentale, une tactique de destruction de l'image, de la dignité et de l'estime de soi. Nul ne devrait être patient ou rester insensible à de tels agissements.

2) Être ambitieux et surtout pour les jeunes ne veut pas dire, tout bousculer sur son passage tel un tsunami. Vous êtes utiles à l'entreprise, les plus âgés aussi.

3) Différence d'âge peut parfaitement rimer avec bonne entente, à condition :

a) D'avoir le courage de confronter vos connaissances et vos pratiques à celles d'un tiers plus jeune que vous.

b) De clarifier le contexte de collaboration (quoi ? Dans quel but ? Quand ? Comment ? …).

c) D'apprendre à se connaître, s'écouter, s'accepter, se respecter.

d) De mutualiser les connaissances et les pratiques, les contempler, les appliquer, valoriser les résultats et les corriger s'il y a lieu.

Pour approfondir, lire aussi « Dirigeants, Managers, Collaborateurs, ces parasites qui vous nuisent au travail » Histoire des parasites 22.

- 16 -

Comment les convictions peuvent devenir un socle de brimade

<h1 style="text-align:center"><u>Le cas de Claude</u></h1>

Claude a été embauché en CDI chez Noty, à l'issue de son stage de fin d'études.

Simon, le PDG de cette PME de quatre-vingts personnes, fait entièrement confiance à ses responsables de services. Il les traite avec respect et reconnaissance. Si bien que l'entreprise fonctionne plutôt comme un regroupement de TPE, chacun faisant un peu comme il l'entend. Et apparemment, ça marche.

Dans ce contexte, le service de Sébastienne se démarque des autres. Les assistantes RH l'évoquent souvent ainsi :

— C'est fou comme les gens ne restent pas dans ce service ! D'un autre côté, c'est le service qui coûte le moins à l'entreprise.

... Sébastienne est passée maître dans le rééquilibrage de la charge de travail. Chaque fois qu'un collaborateur claque la porte comme cela arrive souvent, elle affecte son travail au reste de l'équipe en attendant. Les collaborateurs n'ont plus qu'à faire preuve de beaucoup, beaucoup de patience et de force de travail.

Au moment de la signature de son contrat, Sébastienne avait dit à Claude :

— Nous maintiendrons pendant quelques temps encore votre salaire de stagiaire.

— Pourquoi Sébastienne ? Je ne suis plus stagiaire. J'ai obtenu mon diplôme d'ingénieur.

— Je sais.

— Et pendant combien de temps ?

— Nous le réviserons dans six mois, au vu des objectifs. Le temps que vous fassiez vos preuves.

— Et quels sont donc ces objectifs ?

— Ça, je vous expliquerai plus tard.

Claude se met au travail. Il est rapide, réactif et efficace. Il n'est jamais absent, qu'il neige, vente, pleuve… Sébastienne lui confie de plus en plus de dossiers. A chaque fois, il s'empresse de tout faire sans rouspéter, n'hésitant pas à faire des heures supplémentaires et à travailler les soirs chez lui.

***

… Le sixième mois vient de se terminer et Claude n'est toujours pas convié à l'entretien promis. Il revient sur le sujet encore et encore. Sébastienne évoquant le manque de temps, des réunions avec la direction… Ce qui commence à agacer Claude.

Dans les autres services, les anciens stagiaires devenus salariés comme lui, ont immédiatement changé d'échelon. Au bout d'un an, Claude réussit enfin à décrocher son entretien, non sans grande insistance. L'entretien se déroule ainsi :

— *Pourquoi tenez-vous tant à cet entretien ?*

— *Parce que vous m'avez dit lors de mon embauche, qu'on révisera mon échelon au bout de six mois au vu des objectifs. Et ça fait un an que je suis ici et que je travaille sans relâche.*

— *En effet.*

— *Sauf erreur de ma part, je fais correctement mon travail et parfois bien au-delà. Alors, ne pensez-vous pas qu'il est temps de revoir les choses ?*

— *Oui ! Oui ! Je sais, vous faites du bon travail.*

— *Alors, vous allez le faire ?*

— *Pas cette fois, au risque de vous décevoir.*

— *Pour quelle raison ?*

— *L'entreprise traverse une période difficile.*

— *Et c'est moi qui dois encore me sacrifier, alors que dans les autres services, tous les nouveaux ont eu des ajustements de salaires.*

— *Dans ce cas, vous n'avez qu'à changer de service !*

Fin de la discussion. Sébastienne sort du bureau, laissant Claude en plan. Une fois au couloir, elle s'exclame à haute voix :

— *Ces jeunes sont d'une impatience ! A peine ils arrivent, qu'ils veulent des salaires de cadre ! Il faut qu'ils apprennent ce que c'est trimer, pour obtenir quelque chose !*

***

Propos qui n'ont pas échappé à une large majorité et qui ne plaisent point. D'autant plus qu'au gré des conversations, plusieurs sont au courant du traitement injuste infligé à Claude.

Bénéficiant de soutiens au sein de l'entreprise, Claude réussit à collecter un ensemble d'informations qu'il transmit rapidement au syndicat.

Cette fois, M. Simon se penche sur le cas du service de Sébastienne. Les éléments lui indiquent un turn-over très élevé, en comparaison des autres services. On l'accuse d'exploiter ses collaborateurs et de les malmener. Il la convoque :

— *Il faut apprendre à ces jeunes à trimer. La vie n'est pas facile, vous savez.*

— *Sébastienne, vous ne m'apprenez rien. Cela n'explique en rien vos actes !*

— Reconnaissez tout de même que je vous fais faire des économies depuis des années.

— Vous déraillez ou quoi ? Je ne vous ai rien demandé ! Rétorque M. Simon.

... C'est ainsi qu'à 53 ans, Sébastienne fut contrainte de quitter cette entreprise qu'elle aimait tant.

La semaine suivante, M. Simon organisa une réunion pour remettre dans les esprits, la culture d'entreprise et les comportements attendus. Il renouvela sa confiance à son équipe d'encadrement, tout en rappelant qu'il sera désormais plus attentif à son comportement.

CE QU'IL FAUT RETENIR

1) Autant il est certain que les convictions aident à construire une identité et à se frayer un passage dans la vie. Autant, elles peuvent devenir un carcan.

Le seul moyen d'éviter de tels dérapages c'est :

a) De communiquer sans fard sur la culture d'entreprise.

b) D'aider le personnel à se l'approprier.

c) D'en contrôler la conformité des pratiques sur le terrain.

2) Le malveillant s'engage dans un suicide professionnel. Il œuvre chaque jour contre lui-même.

Pour approfondir, lire aussi « Dirigeants, Managers, Collaborateurs, ces parasites qui vous nuisent au travail » *Histoire des parasites 23*.

17

Employeur malhonnête, bonne manne Pour la concurrence !

Le cas de la société Nettax

Mireille est arrivée chez Nettax S.A. à l'âge de vingt ans, en tant qu'agent de service polyvalent. Aujourd'hui, elle en a trente-neuf et souffre de plusieurs pathologies. Celles-ci étant probablement dues aux multiples produits utilisés et aux gestes et postures qu'imposent les tâches d'entretien à réaliser.

A son âge, elle estime avoir encore de l'énergie pour travailler et refuse d'entamer des démarches pour obtenir le statut de travailleur handicapé.

A son arrivée, la société comptait dix salariés. Aujourd'hui, le couple Nettax dirige un effectif de plus de soixante-dix personnes. Les clients félicitent souvent Mireille pour ses qualités : assiduité, respect, force de travail, efficacité.

Trois ans après son arrivée, elle tente de négocier une augmentation de salaire. Le refus est catégorique. Pourtant les compliments continuent de pleuvoir. Le couple Nettax, lui, multiplie les signes extérieurs de richesse : Porsche pour Monsieur, dernier modèle d'Audi pour Madame...

Grâce à Mireille, la société a pu conserver un marché in extremis. Le commanditaire exigeant en retour que ce soit elle et personne d'autre qui supervise l'ensemble des travaux d'entretien. De fait, elle devient superviseur d'équipe.

Elle saisit donc cette montée en grade et tente encore une fois de négocier une augmentation de salaire. Et comme la fois précédente, sa demande n'obtient pas le résultat escompté. Mireille réalisant avec amertume, qu'elle est au même échelon salarial depuis dix-neuf ans, contrairement à une de ses amies, embauchée à la même période chez un concurrent de Nettax.

— *Ils te versent au moins ta prime d'expérience ?* Lui dit celle-ci, un soir où elles dînaient ensemble.

— *Ben, je ne sais pas. Je n'en ai jamais entendu parler.*

— *Renseigne-toi. Tu y as droit. Ils sont tellement roublards, ils ne peuvent pas s'amuser à vous dire.*

***

… Après estimation, cette prime qu'elle n'a jamais reçue avoisinerait 6000 Euros. Elle se rend donc au bureau de M. Nettax pour faire une réclamation.

— *Oui, c'est environ ce montant-là.*

— *J'espère cette fois que vous ferez le nécessaire. Vous me devez au moins cela.*

— *Nous allons nous en occuper.* Lui dit-il.

Deux semaines plus tard, Mireille consulte son compte, toujours rien ! Elle retourne le voir. Les propos de ce dernier la clouent sur place :

— *Vu qu'on ne s'y attendait pas, cela t'ennuie-t-il de couper la poire en deux ?*

— *Pardon ? Je rêve ou quoi ? En dix-neuf ans, tu n'as jamais eu le moindre geste d'encouragement à mon égard. Alors que c'est grâce à mon travail que ta société conserve plusieurs marchés.*

— Oui ! Oui ! Je sais. Mais là, tu nous mets en difficulté.

— Moi ? Vous mettre en difficulté ? Tu te moques de moi ? Et c'est moi qui dois me sacrifier ? Au nom de quoi ? Non, vous n'aurez pas mes 3 000 Euros !

— Je te conseille de ne pas me manquer de respect.

— Qui manque de respect à l'autre ? Ta femme et toi me prenez pour un pigeon depuis trop longtemps !

Depuis, c'est la guerre silencieuse, chacun évitant l'autre. Heureusement que Mireille est une excellente employée !

***

Par l'intermédiaire de cette même amie, le concurrent de Nettax fit une offre alléchante à Mireille. Ayant appris son départ, les clients qu'elle avait en charge en exclusivité décidèrent de la suivre. Fou de colère, M. Nettax la menaça, puis il téléphona au concurrent :

— Vous n'êtes qu'un voleur ! Vous allez arrêter de débaucher mes salariés !

— Sinon quoi ? Fit l'autre au bout du fil avant de lui raccrocher au nez.

CE QU'IL FAUT RETENIR

Pour obtenir la fidélité durable et la pleine performance de vos collaborateurs, l'équation est simple :

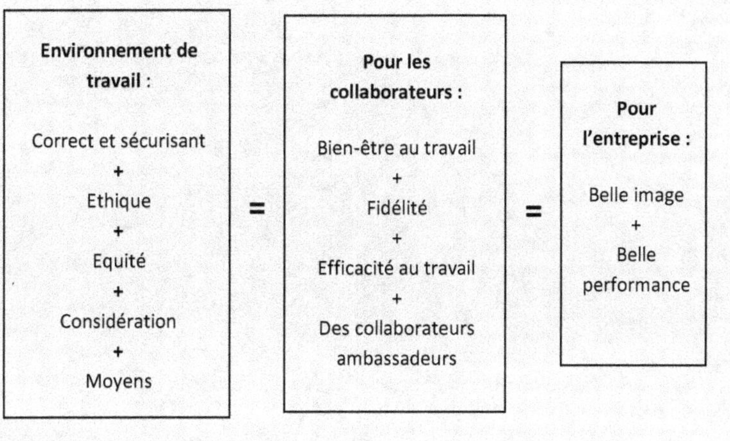

Pour plus d'information, lire aussi « Dirigeants, Managers, Collaborateurs, ces parasites qui vous nuisent au travail » Histoire des parasites 24.

18

Quand reconnaitre la valeur d'un collaborateur devient un calvaire

Le cas de Julien, le directeur

En répondant à cette annonce en plein mois d'août, Tessa n'y croyait pas trop. Trois mois plus tard :

— *Allo ! C'est bien moi.* Dit-elle…

Son entretien d'embauche dura deux heures. Deux heures durant lesquelles, Julien le directeur de Pintaifac, son adjoint et la responsable de formation la cuisinent. Les questions posées couvrent un immense champ de compétences : connaissance de l'entreprise, méthodes d'organisation, RH, recrutement et intégration des salariés, benchmarking… Finalement, Tessa obtient le poste pour une mission « Conduite du changement » de neuf mois.

L'équipe en place compte quatorze personnes dont quatre permanents. La secrétaire, Nicole, possède un Deug de littérature. Elle a été embauchée il y a quatre ans. Elle donne l'impression d'avoir peur de quelque chose en permanence. Le directeur, son adjoint et la responsable de formation ont d'excellentes relations. Tous les trois s'enferment souvent dans la salle de réunion. A ces moments-là, on peut entendre fuser des éclats de rire.

Julien le directeur, est titulaire d'un CAP d'ébéniste. Il a travaillé plusieurs années chez Pintaifac en tant que formateur, avant d'être nommé à ce poste. Son adjoint est arrivé là il y a quelques années, par le biais d'un stage dans le cadre d'une reconversion professionnelle. Et la responsable de formation, une ancienne caissière, reconvertie dans la formation professionnelle. Tessa, elle, a un Bac+ 5 et une bonne expérience dans la gestion des projets.

Les deux semaines suivant sa prise de fonction, elle constate des incohérences : l'absence d'organisation, les réunions à tout va à l'heure du déjeuner, aucun planning… Le directeur s'employant à dénigrer Nicole sans retenue. Elle est exclue des réunions d'équipe. A force de subir, elle a maintenant des soucis de santé.

— Pourquoi ne cherches-tu pas à partir ?

Elle répond :

— Ça m'embête. L'avantage de ce travail, c'est que je suis à cinq minutes à pied de chez moi.

***

Les premiers mois, Tessa passe beaucoup de temps à l'extérieur. Elle fait savoir au trio, qu'elle a besoin de manger à midi et de faire impérativement un break pour mener à bien sa charge de travail. A contrecœur, les trois acceptent, négociant toutefois le maintien de quelques réunions à leur créneau habituel.

Tessa est contente de sa mission. Rapidement, les premiers résultats sont perceptibles. Les partenaires, en sont satisfaits. Ils font remonter ce ressenti au directeur de Pintaifac.

Dès cet instant, ses messages sont filtrés. Elle ne reçoit plus les mails provenant des partenaires. Le moindre échange avec un membre du réseau doit passer par la responsable de formation, laquelle transmet le message à l'adjoint, qui à son tour le fait valider par le directeur. Ce qui peut prendre deux à trois jours, selon leur disponibilité, leur bon vouloir et entrave la réactivité de Tessa.

... Ce jour-là, elle rencontre à tout hasard le PDG d'une société partenaire :

— Dites, on ne vous a pas vue à la réunion l'autre jour.

— Désolée, je n'étais pas au courant.

— Ah bon ? Et même à la précédente.

— Que voulez-vous que je vous dise ?

— C'est curieux ! C'est pourtant vous qui pilotez le projet et ce type d'information vous échappe ?

Tessa ne répond pas. L'autre poursuit :

— Ah, je comprends ! En fin de compte cela n'a rien de surprenant !

— Comment cela ?

— Je revois la réaction de votre directeur quand nous avons fait l'éloge de votre travail l'autre jour. On aurait dit que ça le contrariait. Cela n'a échappé à personne. Quoi qu'il en

soit, il faut que vous reveniez. Les choses n'avancent pas bien sans vous.

… Plus Tessa réussit la mission, plus la direction se montre abominable avec elle. Pour s'en échapper, elle a fini par mettre en place d'autres stratégies. Par exemple, elle passe de plus en plus de temps à l'extérieur, reçoit les mails importants via sa messagerie personnelle. Et malgré tout, il arrive que certaines informations ne lui parviennent pas. Lasse de ce jeu, elle prit ce jour-là la décision d'aller les voir :

— Dites, j'ai su par Untel, qu'il y a eu des réunions importantes auxquelles ma présence était indispensable et je n'ai jamais reçu cette information, vu que tout transite par vous. Aussi, je voudrais juste savoir une chose : vous voulez que cette mission, qui vous rapporte pas mal d'argent, aille jusqu'à son terme avec succès ou pas ?
Car, si vous n'êtes pas prêts à me donner les moyens de bien faire mon travail, je vous laisse tomber. Je refuse de continuer dans ces conditions médiocres. Donc, si le nécessaire n'est pas fait rapidement pour que j'aie de nouveau accès à ma messagerie, inutile de compter sur moi. A vous de voir !

Et elle s'en alla.

— Alors là, tu les as scotchés ! Si je pouvais leur tenir tête moi aussi ! Dit discrètement Nicole, rêveuse.

Le même jour, juste au moment de quitter le bureau en fin de journée, Tessa était de nouveau connectée au réseau. Elle redevenait de ce fait encore plus réactive, plus efficace et donc plus visible, au grand dam du clan hiérarchique.

... Deux jours avant la fin de la mission, Nicole vient la voir :

— Tu as reçu des félicitations de la part des... Le courrier est arrivé hier. Julien ne t'a pas dit ?

— Non !

— Je crois qu'il n'a pas l'intention de te le remettre.

— Qu'est ce qui te fait penser cela ?

— Je ne suis pas sensée t'en parler. Il me l'a clairement demandé. Mais je trouve ça injuste.

Quinze jours auparavant, Tessa leur avait proposé de faire le point sur les divers dossiers. Ce à quoi Julien avait répondu : on revient vers vous dès qu'on a un moment. Après des relances infructueuses, le passage de relais n'a pas eu lieu.

***

... Enfin, c'est le jour du départ de Pintaifac pour Tessa ! Le trio quitta les bureaux à 11h30 pour aller déjeuner à l'extérieur. A 18 heures, aucun n'était de retour. Tessa sortit des locaux sans son courrier.

En arrivant chez elle, une belle surprise l'attendait dans la boîte aux lettres. Sur le post-it collé sur le courrier, on pouvait lire : « *Madame, nous vous adressons en copie cette lettre de remerciements, au cas où vous ne receviez pas l'originale* ». La direction de Pintaifac ne l'a jamais su.

… Son sens du réseau et ses compétences aidant, Tessa avait développé au cours de cette mission, de très bons contacts au sein du réseau d'entreprises et institutionnel. Dans ce cadre, de nombreux projets avaient été évoqués.

Un mois après son départ, elle recevait le message suivant sur son répondeur : « *Bonjour Tessa, c'est Julien le directeur de Pintaifac. J'aimerais vraiment vous parler. Pouvez-vous reprendre contact avec moi dès que possible ?* »

Trois jours plus tard, Tessa ne l'a toujours pas appelé. Le lendemain vers 19h30, son téléphone sonne :

— *Je voudrais vous proposer une seconde mission.*

— *Ah !*

— *Oui, le directeur de BEFL a téléphoné. Il souhaite mettre en place un gros projet de développement des compétences. Vous en avez parlé…*

— *En effet.*

— *Et il veut que ce soit uniquement vous. Cela représente un volume important d'interventions. Vous pouvez revenir ?*

— *Non !*

— *Je suis prêt à augmenter votre salaire…*

— Non merci, trouvez quelqu'un d'autre.

— Mais c'est vous qui l'avez initié !

— Tant pis pour vous !

Et Tessa raccroche...

CE QU'IL FAUT RETENIR

1) Complimenter vos collaborateurs, c'est reconnaitre que vous avez du flair. Ne vous offusquez pas de leur succès auprès des clients ! Au contraire, réjouissez-vous de leurs victoires ! Elles sont les vôtres. Soyez fiers ! Soutenez-les ! Facilitez-leur la vie ! Votre posture ne sera que plus renforcée. Et votre chiffre d'affaires ne pourra que mieux se porter.

2) Si vous avez tendance à être jaloux de vos collaborateurs et pensez qu'ils vous font de l'ombre. Si vous êtes enclin à avoir recours à des privations de toutes sortes pour mettre vos talentueux collaborateurs en discrédit, sachez,

a) que vous avez une solution efficacement redoutable : **faire tout le travail vous-même et surtout exceller dans tout.** Ce qui est juste un leurre ! Vous n'y arriverez pas. Car un seul Homme, aussi brillant soit-il, ne peut couvrir l'intégralité des compétences d'une entreprise.

b) Vous avez également une deuxième solution : **faire un travail sur vous,** afin de changer votre vision des choses. Le client ne changera ni sa façon de penser, ni sa façon d'agir.

Pour approfondir, lire aussi « Dirigeants, Managers, **Collaborateurs, ces parasites qui vous nuisent au travail » Histoire des parasites 25.**

- 19 -

Dérives émotionnelles

<h1 style="text-align:center"><u>Le cas de Claudine</u></h1>

Claudine travaille dans cette PMI de soixante-quinze personnes depuis cinq mois, au poste de chargée d'affaires, de recherche et de développement. Elle est rigoureuse et organisée et maitrise parfaitement l'utilisation de PowerPoint (PPT). Demain, elle fera la présentation tant attendue du nouveau procédé de fabrication conçu par l'entreprise, devant un public de clients et d'actionnaires.

Quinze jours avant, elle avait pris soin d'envoyer son fichier à M. Jean, le directeur, son supérieur hiérarchique, pour validation. La veille du jour J, n'ayant toujours pas de retour de sa part, elle conclut que cela valait consentement.

Une heure avant la présentation, voilà M. Jean qui arrive dans son bureau, la mine peu avenante :

— *Alors, qu'avez-vous préparé ?*

Claudine s'en étonne.

— *Tenez,* lui dit-elle, *voici votre exemplaire papier. Je vous en ai adressé un par email pour validation il y a quinze jours. Vous ne m'avez pas répondu.*

Le visage de M. Jean vire au rouge, mais il ne dit rien.

— *Montrez-moi donc ce que vous avez fait.* Dit-il avec agacement.

— Je vais vous en faire un balayage rapide. Nous n'avons pas beaucoup temps.

M. Jean ne déride pas. Avec nonchalance, il lui fait un signe de la tête. Claudine commence. Elle n'a pas le temps de terminer la première partie de sa brève présentation, qu'il explose, en froissant les pages du document qu'il feuillette, sans ménagement :

— C'est quoi ce chiffon ? Vous manquez de sérieux ! Ce document est incomplet ! Il est bâclé ! Les spécifications ne sont pas détaillées ! Quelle nulle !

— Je comptais les commenter directement ! C'est une présentation PPT tout de même !

— Qu'essayez-vous de me dire ? Que je ne sais pas ce qu'est un PPT ?

— Loin de moi cette idée ! Je veux juste dire qu'il ne faut pas charger la présentation.

— Assez ! Vous allez immédiatement me rectifier tout ça ! Compris ?

Le cœur serré, Claudine est au bord des larmes. Elle trouve la réaction de M. Jean inappropriée et injuste. Après tout, elle estime avoir fait correctement sa part de travail. Elle se précipite sur son ordinateur. Ses gestes sont saccadés tel un automate… Puis, M. Jean et elle quittent le bâtiment.

***

… Elle revient deux heures plus tard, au moment de la fermeture des bureaux. Ses trois collègues l'attendent :

— *Où est l'autre ?*

— *Il est parti.*

— *Dis-nous vite ! Nous étions si inquiets ! Nous avons pensé à toi tout l'après-midi. Comment ça s'est passé ?*

— *Bien. J'étais au bord de la crise de nerfs en partant. Mes pieds tremblaient, mes cervicales bloquées. J'ai pris sur moi et finalement, tout s'est bien passé.*

— *Ah ! Comme nous sommes rassurés !*

— *Bon, il est temps de partir !* Dit une collègue. *Claudine tu viens ?*

— *Non, pas tout de suite. Allez-y.*

—*Tu en es sûre, après ce que tu viens de vivre ?*

— *Arrête ! Tu as assez bossé pour aujourd'hui !* Renchérit un autre.

— *Je sais. Ne vous inquiétez pas, je ne serai pas longue.*

— *Tu veux qu'on t'attende ?*

— *Allez-y, je vous assure. Je ne vais pas tarder, juste un message à envoyer…*

***

… Une fois seule, Claudine envoie un SMS à son époux, pour le prévenir de son retour tardif. Puis, elle s'affale dans son fauteuil et s'endort pendant deux bonnes heures ! Ce qu'elle explique ainsi :

— J'étais dans un tel état d'épuisement, que je ne pouvais prendre le volant tout de suite. Je sentais que j'allais finir dans un fossé. J'avais vraiment besoin de me remettre de tout ça. Je ne voulais surtout pas que mon mari et mon fils me voient dans cet état. Jamais mes quarante kilomètres de trajet ne m'ont paru aussi interminables !

... Il m'a fait un tel rentre dedans... !

— Et toi tu en penses quoi ?

— Qu'il n'avait pas le droit !

— Et tu comptes en rester là ?

— Il parait qu'il est comme ça. Tout le monde dit qu'il a un très mauvais caractère. Apparemment, il agresse tout le monde.

— Ok. Mais, tu n'as pas répondu à ma question.

— Je ne sais pas. Revoir sa tête ? Rien qu'à y penser, je me sens mal.

— Je comprends. Dis, c'est l'unique fois que vous travaillez ensemble sur un dossier ?

— Certainement pas.

— Alors, combien de temps penses-tu être en mesure de l'éviter ?

— Pas trop longtemps, je le crains.

— *Dans ce cas, ne penses-tu pas que le mieux, c'est d'en reparler avec lui ? Il est ton supérieur, tu ne peux l'ignorer éternellement. Et vu que c'est la première fois que vous travaillez ensemble, ce sera plus facile à rectifier.*

— *Je vais y penser.*

— *N'hésite pas, si tu as besoin d'aide pour te préparer.*

… En fin de semaine, Claudine se rend au bureau de M. Jean.

— *Bonjour ! Auriez-vous quinze minutes à m'accorder lundi prochain ?*

— *Vous voulez me voir à quel sujet ?* S'enquit-il.

— *J'aimerais que nous revenions sur ce qui s'est passé l'autre jour. C'est vraiment important pour mieux faire la prochaine fois.*

— *Je ne suis pas disponible lundi.*

— *Et mardi ? Je sais que vous arrivez tôt le matin, je peux faire pareil. Ça ne prendra pas plus de 15mn. 8h45, ça vous irait ?*

— *C'est d'accord. Mais sachez que j'ai vraiment beaucoup de travail.*

— *Je ferai vite. Merci beaucoup.*

***

Deux des collègues arrivent :

— Alors, qu'est-ce qu'il a dit ?

— Il m'a donné rendez-vous mardi matin.

— Tu veux qu'on t'aide à te préparer ?

— Je veux bien.

— Dans ce cas, nous irons déjeuner chez...

... Assises à la terrasse du café, chaque collègue donne son avis, y allant de son inspiration la plus généreuse à la plus révolutionnaire :

— Il faudra lui dire que sa réaction et ses propos t'ont fait beaucoup de peine.

— Moi, je pense que tu devrais insister sur ses mauvaises manières.

— Tu devrais lui dire cash, que tu n'es pas d'accord avec sa façon de se comporter et qu'il fait beaucoup de mal à tout le monde.

— Et aussi, que nous en avons marre de son agressivité et de son sale caractère.

— Vas-y franco avec lui, il ne faut surtout pas prendre de gants...

Le lendemain, nous nous retrouvons en salle de repos et revenons sur son rendez-vous avec M. Jean. Claudine prit conscience de la prudence nécessaire à observer quant aux propos des collègues. Et que dans sa situation :

a) C'est d'abord d'elle qu'il s'agit. Aborder le malaise des collègues ou du personnel tout entier n'en fait pas partie, car devant relever d'une démarche collective.

b) Pour ce qui est de « parler cash » au directeur, elle réalisa d'une part qu'au lieu de parvenir à un consensus comme elle le souhaitait, appliquer ce conseil allait sans aucun doute provoquer l'effet contraire. D'autre part que, quel que soit le niveau de franchise qu'impose sa démarche, elle devrait impérativement y mettre de la forme si elle souhaite rester dans la société.

***

… Le jour dit, Claudine arrive avec une demi-heure d'avance. M. Jean est déjà là. Il s'en étonne.

— *Ne vous en faites pas.* Lui dit-elle. *Je vais attendre dans la salle de réunion.*

— *Ce n'est pas la peine, puisque vous êtes là, allons-y. Vous avez bien fait. Venez ! Un café ?*

— *Non merci.*

— *Dans ce cas, venons-en aux faits.*

— *Je ne sais pas pour vous, mais moi, j'ai très mal vécu l'incident d'avant la réunion.*

M. Jean ne réagit pas. Claudine continue.

— *Je vous avais transmis le fichier et ne m'ayant pas répondu, j'ai cru que vous étiez d'accord avec le contenu.*

Maintenant, je sais que c'était une erreur de ma part. C'est pourquoi je viens vous voir. J'aimerais que vous me disiez comment faire pour mieux travailler avec vous.

— Madame W, sachez avant tout que cette façon de vous comporter comme un électron libre me contrarie beaucoup. Cette réunion était très importante. Vous auriez dû me relancer plusieurs fois, quitte à venir frapper à ma porte comme vous avez fait là. Comme vous pouvez vous en douter, je suis très occupé, je reçois des tonnes de mails. Parfois, certaines choses passent à la trappe.

— Je comprends. A mon ancien travail, j'étais totalement autonome et j'avais cru que...

Elle est sèchement interrompue.

— Si vous vouliez conserver un tel degré d'autonomie, il fallait rester dans cette entreprise. Il ne fallait pas venir travailler ici. Ici, vous êtes sous mon autorité. Alors souvenez-vous-en.

— Très bien. Par ailleurs, ça ne va peut-être pas vous plaire, mais je voudrais aussi vous dire que je trouve vos propos vraiment insultants et injustes et je voudrais savoir si vous le pensiez vraiment ?

— Mais pas du tout ! J'en avais après votre comportement. C'était la goutte d'eau. J'en suis désolé.

— Merci pour cette franchise. Tout est clair à présent. Ça n'arrivera plus. La prochaine fois, je viendrai sonner à votre porte s'il le faut...

—*Très bien.*

— *Y a-t-il des moments plus propices que d'autres pour vous joindre ?*

— *Tôt le matin comme aujourd'hui. Si je ne suis pas disponible à ce moment-là, nous conviendrons d'un rendez-vous.*

— *Et les mails ?*

— *Je n'ai pas toujours le temps comme je vous l'ai expliqué. C'est ce qui s'est passé la dernière fois. Je préfère la communication orale, quitte à m'envoyer le fichier après.*

— *Très bien. Je prends note pour les prochaines fois. Je vous préviendrai systématiquement avant de vous envoyer un fichier. C'est bien cela ?*

— *Tout à fait.*

— *J'en profite aussi pour vous dire qu'à partir de vos remarques de l'autre jour, j'ai préparé un modèle générique de présentation PPT qu'on pourrait par exemple tous utiliser. Puis-je vous l'envoyer aujourd'hui pour validation ?*

— *Bien sûr.*

— *Je vous remercie.*

***

Juste au moment de se lever, M. Jean ajoute :

— J'apprécie beaucoup votre démarche. Peu de personnes ont un tel cran. La plupart préfèrent dire du mal de moi dans mon dos. Je vous en remercie.

En fin d'après-midi, une synthèse des conclusions de leur entretien, ainsi que la présentation PPT évoquée étaient dans la boîte mail de M. Jean.

Depuis, Claudine et lui sont en bons termes. Le modèle de présentation PPT qu'elle a conçu a été validé et son utilisation généralisée au sein de la société. Nul doute sur ses perspectives d'évolution en interne !

<u>Le cas de M. Villat</u>

J'avais passé la journée sur le site de cette entreprise...

En me dirigeant vers la sortie, j'aperçus M. Villat. Il avait en charge la plus grande unité de production de l'entreprise. Il était assis à son bureau, soutenant la tête de ses deux mains, comme si elle était devenue très lourde. Un souffle d'inquiétude m'envahit.

J'intervenais dans l'entreprise depuis un moment et il faisait partie de mes interlocuteurs privilégiés. C'était un homme posé et qui avait la tête sur les épaules. Le spectacle que j'avais sous les yeux à l'instant, n'avait rien à voir avec mes propos précédents et n'augurait rien de bon.

... Je m'approche et frappe discrètement à la porte. Il sursaute.

— *Puis-je entrer ?* Fis-je avec une décontraction forcée.

— *Mais bien sûr. Vous voulez vous asseoir ?*

— *... Je vois bien que vous avez des soucis. Qu'est-ce qui ne va pas ?*

***

M. Villat entre en irruption tel un volcan, déversant son flot de frustrations.

— *Ces idiots de la direction ont encore fait ceci..., fait cela... Je n'en peux plus. Je vais aller leur dire ce que je pense d'eux...*

— Et vous pensez quoi d'eux ?

— Qu'ils sont nuls, ne comprennent rien, me cassent les c...

— Aïe ! Et vous comptez vraiment leur dire ça ?

— Je ne vais pas me gêner !

— Et c'est pour quand ?

— Demain.

— Je vois que vous leur reprochez beaucoup de choses. Mais à votre avis, comment vont-ils le prendre ?

— Mal certainement, très mal.

— Ce qui signifie ?

— Que ça ne va pas leur plaire du tout.

— Et dans ce cas, que feront-ils ?

— Avertissement, mise à pied, licenciement. Tout ce qu'il faut pour me punir.

— Et c'est ce que vous voulez ?

— Non. Je veux juste qu'ils arrêtent leurs conneries qui nous empêchent de bien faire notre travail...

— Bon, ça part plutôt de très bonnes intentions. Voilà donc ce que je vous propose : vous rentrez tranquillement chez vous. Et comme on dit souvent, la nuit porte conseil. C'est tout à fait normal de faire remonter ce qui ne va pas, mais pas en les insultant. Je reviens demain de toute façon. Et si vous voulez, on en reparle.

... Le lendemain, M. Villat semble avoir retrouvé son calme.

— Voyons ce que vous leur reprochez concrètement et quelles propositions de solutions vous comptez leur faire…

… Quatre jours plus tard, c'est avec un dossier complet que M. Villat alla rencontrer la direction…

En fin d'après-midi :

— Allo ! Je les ai vus. Me dit-il la voix enjouée.

— Et ? Allez, dites-moi !

— Tout s'est bien passé. Je tenais à vous remercier. Pratiquement, toutes mes propositions ont été acceptées à l'exception de celle… jugée trop chère.

— Et vous êtes content ?

— Très !

CE QU'IL FAUT RETENIR

1) Le choc culturel est une réalité à prendre sérieusement en compte lors d'une prise de fonction ; les pratiques d'entreprise n'ayant rien d'universel. Il peut induire une grande incohérence dans les façons de travailler et conduire à des conflits inutiles.

2) Agir sous le coup des émotions peut mener au désastre. Il vaut mieux prendre le temps et éviter la précipitation, retrouver son calme et mieux élaborer sa stratégie de communication.

3) Ne laissez pas à vos collaborateurs, la charge de deviner ce que vous voulez ou aimez. Dévoilez-vous ! Vous ferez ainsi des économies de temps, d'argent et surtout d'énergie.

4) Si un collaborateur ou un supérieur vous déçoit ou qu'il n'a pas la même vision des choses que vous, n'attendez pas que la goutte d'eau déborde. Dites-lui respectueusement et systématiquement ce qui vous met mal à l'aise. Vous vous épargnerez bien de malaises.

5) N'oubliez pas : la mauvaise gestion des émotions coûte cher à l'entreprise.

6) Pour terminer, **si vous êtes cru et maladroit dans votre façon de communiquer, considérez qu'il vous manque une compétence indispensable à votre épanouissement et dépêchez-vous de l'acquérir.** Sans quoi, vous œuvrez contre vous-même.

Pour approfondir, lire aussi « Dirigeants, Managers, Collaborateurs, ces parasites qui vous nuisent au travail » Histoires des parasites 26 et 27.

20

« Donnez-moi des objectifs, s'il vous plait ! »

<h1 style="text-align:center"><u>Le cas Marie-Flore</u></h1>

Marie Flore possède un diplôme en Management des Unités Commerciales et parle trois langues. Jeune diplômée, elle avait travaillé en tant qu'adjointe de direction pendant trois ans dans une TPE spécialisée dans les diagnostics immobiliers. Poste qu'elle a dû abandonner, la directrice la prenant pour sa bête de somme et la traitant sans la moindre considération.

Après des entretiens, elle décroche un CDD évolutif vers un CDI, pour un poste de Chargée de clientèle import-export dans une grosse société. Forte de l'expérience précédente, elle souhaite clarifier ses attributions dès la prise de fonction. Aussi se rend-elle au bureau de Xavier son supérieur hiérarchique direct :

— Xavier, je sais que les évaluations ont lieu au mois de… et j'aimerais avoir des précisions sur mes objectifs.

Ce à quoi Xavier répond :

— Les objectifs, sont pour les personnes en CDI. Ce qui n'est pas votre cas.

— Alors, sur quoi allez-vous vous baser pour m'évaluer ?

— Je ne sais pas encore. Mais ne vous en faites pas, les objectifs ne vous concernent pas.

***

Cette réponse ne rassure guère Marie Flore. A cet instant précis, elle a une sensation de déjà vu et commence à se demander si elle a bien fait d'accepter le poste. Elle vient se confier :

— *Vous vous rendez compte ? Il va m'évaluer et il ne sait même pas sur quoi, ni quels objectifs me donner ?*

— *Je comprends votre inquiétude. Et que comptez-vous faire ?*

— *Honnêtement, je ne sais pas. Je commence à avoir peur de revivre la même situation que chez…*

— *Pas forcément. Peut-être que votre question l'a déstabilisé ? Ou alors qu'il ne sait pas comment s'y prendre ?*

— *Il me semble pourtant que les objectifs doivent être assignés, dès lors qu'on a un travail à faire et indépendamment du type de contrat de travail.*

— *C'est exact.*

— *Sinon, sur quoi va-t-il s'appuyer pour faire mon évaluation correctement ? En plus, c'est ce qui déterminera la suite de mon contrat.*

— *Dans ce cas, faites quelque chose.*

— *Je n'en ai aucune idée. Et vous, qu'en pensez-vous ?*

— *Qu'il faut lui faciliter la tâche.*

— *C'est-à-dire ?*

— C'est simple. Ce que vous voulez, c'est bien être évaluée au plus juste ?

— En effet.

— Alors, préparez-lui le travail. Vous avez déjà vu votre profil de poste ?

— Non.

*— Si j'étais à votre place : **a)** je demanderai avant tout à le consulter. **b)** si je ne l'obtiens pas, je listerai chaque jour, pendant deux semaines, tout ce que je fais, combien de temps cela me prend, les faits qui m'entravent dans mon travail et les motifs …*

— Merci beaucoup, je vais faire ça.

*— Et pour terminer, **c)** j'irai voir mon manager avec ce travail pour qu'il me dise ce qui est prioritaire.*

***

… Un mois plus tard, Marie Flore se rend de nouveau au bureau de Xavier. Contrairement à son emploi précédent, Xavier préfère le tutoiement.

— Dis, tu peux m'accorder cinq minutes ? Je sais que tu es très occupé. Juste cinq minutes.

— Entre.

— J'ai bien compris ce que tu as dit l'autre jour et je le respecte. Mais je dois t'avouer que je n'ai pas l'esprit tranquille. Je pense honnêtement que je travaillerais mieux,

si tu me donnais, ne serait-ce qu'une petite idée de ce que tu attends concrètement de moi. C'est pour cela, que j'ai pris l'initiative de préparer ceci.

Xavier regarde avec surprise les papiers qu'elle lui tend. Tandis que Marie Flore poursuit, en les commentant :

— Regarde, j'ai listé pendant deux semaines tout ce que je fais dans ce tableau. J'ai regroupé mes tâches en cinq catégories. Il te suffit de jeter un coup d'œil sur les têtes de paragraphes, de les classer par ordre d'importance et de me donner une estimation du temps à y passer.

… Trois jours plus tard, Marie Flore avait sa liste de priorités assorties d'objectifs ! Elle respecta scrupuleusement les pratiques de la société en matière de transmission d'informations. Elle envoya donc une copie de la fiche par email à Xavier et une au chef de département.

… Au moment des évaluations, ce travail fut d'une grande utilité. Elle obtint une bonne note et son contrat se transforma en CDI.

CE QU'IL FAUT RETENIR

1) Être acteur de son devenir en entreprise est un impératif professionnel.

2) Les managers ne savent pas tout, même si certains sont enclins à penser le contraire. Leurs manques ne doivent jamais devenir pour vous, l'objet de moquerie ou de mépris.

3) Si votre supérieur est en difficulté, n'hésitez pas à lui venir en aide. Dans cette manœuvre, soyez bon diplomate et généreux. Attitude d'autant plus utile qu'un supérieur incompétent, maladroit…, vous impacte négativement, quel que soit votre excellent niveau de compétence.

4) Être manager n'est pas une fin et savoir définir un bon objectif fait partie des compétences basiques, indispensables à la fonction.

Pour approfondir, lire aussi « Dirigeants, Managers, Collaborateurs, ces parasites qui vous nuisent au travail » Histoire des parasites 28.

21

« Rien ne marche ici depuis que sa collaboratrice est absente »

<u>Le cas de M. Paul</u>

M. Paul dirige de main de maître son entreprise de trente personnes.

Je suis frappée dès le premier jour, par la complicité et l'harmonie qui règnent entre son assistante, Mme Faye et lui. C'est elle qui est également chargée du commercial. Les deux forment un tandem réactif et efficace.

Mais, depuis la maladie de Mme Faye, les remarques fusent de toutes parts. Les membres de son réseau tentant de comprendre l'origine du changement subit de M. Paul.

Lui qui est habituellement si réactif, ne répond plus aux mails. Les clients s'en plaignent, l'atelier de fabrication aussi, les partenaires aussi. Le travail s'accumule et il met ses collaborateurs et partenaires en retard. On le sent à cran. Il commence à se plaindre de violentes migraines...

Puis un jour, je reçus un appel :

— J'aimerais vous parler. La situation est un peu urgente. Quand pouvez-vous passer dans nos locaux ?

***

... En ce vendredi matin, assis derrière son bureau, ce bel homme grisonnant semble avoir totalement perdu de sa superbe. Il prend tout de suite la parole, comme pour se débarrasser d'un poids pressant :

— Ma secrétaire est malade depuis un mois et la situation commence à virer au cauchemar.

— Vous n'avez pas pris une remplaçante ?

— Non. Les choses ne sont pas si simples.

— Comment ça ?

— … En fait, je suis très à l'aise à l'oral, mais incapable d'écrire la moindre phrase. C'est toujours elle qui s'en occupe. Vous savez, j'ai un petit niveau d'études… Lorsque j'ai repris l'affaire à la mort de mon père, je n'avais qu'une préoccupation : développer l'entreprise…

— Vous vous en sortez plutôt bien. Félicitations !

— Je vous remercie.

Et il reprend son récit.

— Elle est la seule ici à être au courant de mon handicap. C'est elle qui s'occupe de tous les écrits. Nous travaillons ainsi depuis toujours. Elle est discrète, efficace et ça me va bien. On pensait qu'elle n'en avait que pour quelques jours ! En réalité, ça risque d'être plus long. Là, il faut urgemment que je trouve quelqu'un. Tout le monde me tombe dessus en ce moment. Je n'en peux plus. Pouvez-vous vous en occuper rapidement ?

***

… C'est ainsi que Claire arriva chez M. Paul.

Au cours d'un rendez-vous de suivi :

— *Comment ça se passe avec Claire ?*

— *Très bien. Nous avons rattrapé le retard. Elle restera d'ailleurs plus longtemps que prévu. Marie-Pierre ne revient pas avant deux mois.*

— *Tant mieux. Il y a tout de même une question qui me trotte dans la tête : que se passera-t-il le jour où Claire devrait s'absenter à son tour ?*

— *Vous me trouverez quelqu'un d'autre tout aussi efficace.*

— *Soit. Mais n'oubliez pas que ce sera la cinquième personne à être au courant de votre secret, et ainsi de suite, au fil des remplacements. Nous allons jongler ainsi jusqu'au jour où, quelqu'un se montrera indiscret. Et cette fois, ce que vous vous évertuez tant à camoufler, se retrouvera sur la place publique et vous deviendrez la risée de tous...*

M. Paul ne répond pas. Je continue :

— *Et je suppose que ce n'est pas ce que vous souhaitez ?*

— *Evidemment non. Dit-il.*

— *Savez-vous qu'il est possible de vous débarrasser de ce carcan ? Cela vous enlèvera un poids sur l'estomac et vous serez ainsi plus autonome et plus à l'aise à gérer ce genre d'aléa.*

— *Comment ?*

— Il existe des programmes de formation.

— Vous savez, même si je le voulais, je n'aurai pas le temps suffisant. Je suis trop occupé.

— Je comprends, mais il vous est possible d'aménager votre temps de formation, en total accord avec votre disponibilité. A vous de voir ce qui est mieux pour vous, si vous pensez pouvoir supporter indéfiniment cette situation de dépendance...

***

M. Paul finit par suivre en individuel, des modules d'un programme de formation dédié à l'illettrisme, des cours sur la communication écrite et comment se servir efficacement de sa messagerie.

Au retour de Marie-Pierre quatre mois plus tard, il réorganisa son poste de travail, lui retirant la gestion de ses mails.

CE QU'IL FAUT RETENIR

1) Être chef d'entreprise ne signifie pas tout savoir sur tout, ni tout maîtriser. Cependant la communication orale et écrite figure parmi les compétences de base indispensables à posséder.

2) Le manque de compétences ne peut être ni assimilé à une tache indélébile, ni à une situation honteuse. Mais il le deviendra si vous ne faites rien.

Bougez avec le monde qui vous entoure. Adaptez-vous. Saisissez les opportunités qui s'offrent à vous pour évoluer. Vous accèderez aisément à plus de compétence.

3) Si vos lacunes vous empêchent d'assumer pleinement vos fonctions, ne perdez pas votre temps et votre énergie à les dissimuler.

Parlez-en avec votre supérieur hiérarchique ou des professionnels, intégrez-les dans vos projets de formation et cherchez ensuite les solutions pour les combler : formation sur le tas, en ligne…

Pour approfondir, lire aussi « Dirigeants, Managers, Collaborateurs, ces parasites qui vous nuisent au travail » Histoire des parasites 29.

22

« Ma promotion me met très mal à l'aise »

Le cas Marco

Marco est arrivé dans la société Alanx au démarrage à l'âge de seize ans, sans formation, ni diplôme ; mais avec une habileté manuelle exceptionnelle et une grande générosité à la partager. Il a tout appris sur le tas, puis a occupé pratiquement tous les postes de l'atelier de production. Sa polyvalence hors norme ne fait aucun doute.

Vingt ans plus tard, il est promu responsable qualité. Se retrouvant à la tête d'un service de sept personnes aux profils variés : trois formées sur le tas, deux de niveau CAP, une de niveau bac et une titulaire d'un BTS. Ce qui le met mal à l'aise.

Le poste de responsable qualité requiert entre autres, beaucoup d'aisance à communiquer non seulement en interne, mais aussi en externe, avec clients, fournisseurs... Un domaine où Marco semble apparemment avoir des failles considérables.

Au lancement des réunions de sensibilisation à la qualité, l'engouement est général et le taux de participation élevé. A la deuxième réunion, à peine un tiers de participants est présent. Et le chiffre va en décroissant lamentablement au fil du temps.

Quand Franck le directeur, cherche à connaître l'origine de cet état de fait, la raison évoquée est toujours la même : « *Il ne sait pas parler !* ».   Propos corroborés par certains partenaires : « *D'où as-tu sorti ce plouc ? Il ferait mieux de se taire ... »*. Franck n'apprécie guère qu'on cisaille ainsi son fidèle collaborateur.

***

Ce jour-là, nous avons rendez-vous. Il me dit :

— Nous sommes en train de définir notre plan de formation et avant de le valider définitivement, j'aimerais vous inviter à une de nos réunions qualité. J'ai besoin de votre avis.

... C'est justement Marco le Responsable qualité, qui anime la réunion du jour :

— Bonjour à tous ! Lance-t-il. *Comme je vous l'ai dit, nous avons quelques trucs à voir ensemble. La semaine dernière, le machin qui dérangeait au service logistique a été réglé.*

Puis s'en suit alors une cascade de « *truc* » et « *machin* ». A la fin de la réunion,

— Vous avez retenu quelque chose de ce qu'il a dit ? Me demande Franck.

— Pas grand-chose à vrai dire. Et vous ?

— Je suis un peu comme vous, à la différence qu'étant de la maison, je devine de quoi il parle. Et c'est ainsi depuis le début. Maintenant, j'en ai honte, d'autant plus qu'il nous représente à l'extérieur. En plus ça me peine sincèrement d'entendre les gens le critiquer aussi sévèrement. Je pense l'inscrire à des cours de français. Et vous, qu'en pensez-vous ?

— *Est-ce là la bonne solution ? Je ne peux répondre à cette question tout de suite. Il est évident qu'il faut faire quelque chose. Avez-vous évoqué la situation avec lui ?*

— *Pas encore. Je craignais qu'il le prenne mal. C'est pourquoi je voulais avant tout avoir votre avis.*

— *Quel que soit la solution finale, il y aura forcément un temps de formation. Mais il vaut mieux en parler avec lui avant tout, afin de voir s'il est conscient du problème.*

— *Dans ce cas, puisque c'est votre métier, je vous propose de voir cela directement avec lui ?*

— *C'est un peu délicat. Je vous laisser donc introduire le sujet et tenez-moi au courant.*

***

...Ma rencontre avec Marco deux semaines plus tard se déroule ainsi :

<u>Première séquence :</u>

— *...Vous avez évoqué un projet de formation avec M. Franck...*

— *En effet.*

— *Et qu'en est-il ?*

— *Je lui ai dit que c'est d'accord. S'il veut que j'aille en formation, j'irai en formation sans problème.*

— Quelle raison a-t-il évoquée ?

— Le faible taux de participation aux réunions qualité et ma façon de parler.

— Et vous, qu'en pensez-vous ?

— Que c'est lui le chef. S'il estime que je dois améliorer mon français, pas de problème.

— Oublions-le un instant et revenons à vous. Vous ressentez ou pas le besoin de vous améliorer ?

Pas de réponse. Puis au bout d'un moment :

— A vrai dire, je ne me suis jamais posé la question. Mais je reconnais qu'on me dit souvent que je parle mal.

— Qui par exemple ?

— Ici au boulot, depuis que j'ai changé de poste.

— Et vous, ça vous interpelle ?

— Je commence petit à petit, à réaliser que Franck a peut-être raison après tout. Que j'ai peut-être de petits efforts à faire et qu'une formation me fera certainement du bien. Maintenant, je peux même vous avouer que ça me fait mal que les gens se moquent de moi ainsi. Alors si vous pouvez m'aider, je veux bien.

L'échange vient de prendre fin et je n'ai en tête qu'une question : « *Truc, machin…* ». A quoi est-ce dû ? Au stress de prendre la parole devant un groupe ? Une mauvaise habitude de communication ? Un déficit de vocabulaire ? Une stratégie affective ?

J'ai la certitude que la réponse se trouve quelque part là-dedans et qu'avant de prendre une quelconque décision, il est impératif de comprendre les facteurs à l'origine de la situation. Pour cela, je propose de l'évaluer. Nous programmons un autre rendez-vous.

***

<u>Deuxième séquence :</u>

Une semaine plus tard.

Au cours de cette rencontre, nous revisitons le poste de Marco (responsabilités et extensions, compétences…), son positionnement actuel et les attentes de la direction. Nous revenons en profondeur sur son parcours au sein de l'entreprise.

J'évalue aussi son niveau en français. Les résultats obtenus sont étonnants : niveau correct en grammaire, vocabulaire et orthographe. Aucune difficulté de compréhension.

— *Vos résultats sont corrects.* Lui dis-je.

— *Ce n'est pas étonnant !* S'exclame-t-il fièrement. *Il a bien fallu que je fasse des efforts quand nous avons eu notre premier enfant.*

— *Comment cela ?*

— *Je ne voulais pas qu'il ait un papa complètement inculte. Je continue à apprendre des choses grâce à eux.*

— *Eh bien, ça marche !*

... Dans le bureau de Franck un peu plus tard,

— *Alors, ça donne quoi ?*

— *Qu'il n'a pas besoin de suivre des cours de français. L'explication est ailleurs et c'est ce que je dois trouver.*

... C'est en analysant le parcours de Marco que j'obtins des éléments de réponse.

Le service qualité se trouve dans l'atelier de production. De ce fait, Marco voit ses anciens coéquipiers tous les jours.

— *Comment ça se passe avec vos anciens collègues ?*

— *Moyen.*

— *C'est à dire ?*

— *Que je suis un peu déçu. Je pensais qu'ils allaient être contents pour moi, mais je vois que non.*

— *Et avant votre nomination ?*

— *Très bien, nous étions une vraie famille, très soudée. Maintenant, ils sont devenus distants. C'est à peine s'ils me parlent encore. Alors que je n'ai pas changé, moi. Je suis toujours comme avant. Je continue à faire comme eux, ... J'ai vraiment mal.*

— Je comprends.

— Nous avons partagé tant de choses ensemble. Par moment, nous donnions du fil à retordre à Franck… Et maintenant, ils font comme si rien de tout cela ne s'est passé.

— Vous avez une explication à leur attitude ?

— Peut-être la jalousie ? Je ne sais pas trop.

— Vous avez essayé d'en parler avec eux ?

— Non, à quoi bon ?! On dirait qu'ils ne voient même pas mes efforts. Je n'ai rien changé à mes habitudes. Je leur ai apporté les croissants l'autre jour comme je le faisais avant. Je passe tous les matins à l'atelier leur dire bonjour et parfois à la pause. Franck m'a d'ailleurs fait des reproches à ce sujet l'autre jour …

— Et alors ?

— Beaucoup continuent à me faire la tête. Plus le temps passe, plus je réalise que je me suis trompé. On dirait vraiment qu'ils sont jaloux.

— Je vois que vous faites beaucoup d'efforts pour rester proches d'eux.

— En effet. Ils sont ma famille. Je tiens à eux.

— Visiblement, ça ne marche pas et d'un autre côté, vous vous mettez la direction à dos. Dans ce cas, que comptez-vous faire ?

— Je pense que je ferai mieux de respecter leur attitude et de me recentrer sur mon nouveau travail.

***

… Marco pris au sérieux son parcours de coaching de positionnement. Il en informa son équipe. Il s'y impliqua bien au-delà de l'entreprise, au travers des différents défis mis en place en interne et à l'extérieur.

Suivant minutieusement les indicateurs de progrès définis. Il mit un immense plaisir à réaliser ses exercices, exhibant chaque semaine la preuve de ses progrès.

Petit à petit, le trac et les parasites verbaux furent de plus en plus espacés. Deux mois plus tard, les réunions qualité étaient de nouveau bondées. Les équipes le félicitant du changement. Les moqueries cessèrent. Au grand bonheur de Marco et de Franck le directeur.

CE QU'IL FAUT RETENIR

1) Promouvoir un collaborateur, n'a rien d'anodin. C'est le déraciner de son environnement et de ses habitudes. C'est chambouler son univers affectif.

Il importe donc de toujours vérifier l'opportunité et la justesse de votre décision et de préparer le projet avec lui. Vous optimiserez son efficacité au poste et vous y gagnerez en temps, énergie et en argent.

2) Visiblement, Marco ne s'est jamais projeté en dehors des postes d'ouvriers. **Or l'absence de projet de carrière est une source de stagnation ;** l'individu devenant un boulet, et dans le cas d'un manager, un broyeur d'ambition et de talents et un facteur à risque pour son service et le devenir de l'entreprise.

3) Par ailleurs, être bons collègues ne coagule en rien les destins. A vous d'en assumer le vôtre et laissez les autres piloter les leurs, sans chercher à les entraver.

N'ayez donc aucune gêne ni à saisir les opportunités qui s'offrent à vous, ni à faire valoir vos projets d'évolution.

Pour approfondir, lire aussi « Dirigeants, Managers, Collaborateurs, ces parasites qui vous nuisent au travail » Histoire des parasites 30.

23

« Mon manager aime qu'on l'apprécie »

Le cas de Patrick B.

Patrick B. est un brillant ingénieur en électrotechnique. Il connait bien son travail. D'une façon générale, il n'aime pas les affrontements. Il se soucie beaucoup de son capital de sympathie, autrement dit, de l'estime qu'on peut témoigner à son égard.

Son entreprise connaissant une période d'embellie, il se retrouve à la tête d'un service de vingt-trois personnes. Pour faire face à ces nouvelles fonctions, Patrick semble avoir trouvé un allié : la délégation ! Un fabuleux outil qu'il tente de manipuler avec beaucoup de doigté.

Pour cela du moins en est-il convaincu, il lui faut un adjoint. Dans sa tête, la situation est claire : c'est Jasmin. Comme lui, il a un diplôme d'ingénieur.

Jasmin est une personne introvertie et discrète, donnant l'impression de souffrir d'un déficit considérable de confiance en soi. C'est donc lui qui aura la charge, de façon totalement informelle, de monter au créneau pour toute besogne, dont les risques d'écorner l'image de Patrick seraient élevés.

Justement dans l'équipe de Patrick, il y a Claudie, une assistante au tempérament explosif. Son comportement l'agace profondément. Aussi décide-t-il d'y mettre un terme. Il s'en va voir son « adjoint » :

— Jasmin ! Lui dit-il. *Il te faut gagner en posture ! Tu iras voir Claudie en sortant d'ici. Tu lui diras qu'elle se comporte mal et qu'il faut que ça cesse !*
— Mais Patrick ! Répond Jasmin. *Je n'en ai pas le droit, nous n'avons aucun lien de subordination. C'est toi le chef. A toi de la recadrer.*
— Mais si si ! Tu es mon adjoint !
— Depuis quand ?
— Dès cet instant.
— Donc, rien d'officiel. Dans ce cas, ne compte pas sur moi.
— C'est vrai, rien n'est encore officiel. C'est, justement, un bon test pour toi.
— Honnêtement, je préfère être testé dans d'autres circonstances !
Et Jasmin s'en va.

***

… L'émotivité de Claudie continue, plus galopante que jamais. Il ne se passe de semaine sans qu'elle ne soit au cœur d'une embrouille interne et parfois bien au-delà de son service. Patrick reste invisible malgré les plaintes. Il arrive, dit bonjour et s'enferme rapidement dans son bureau.

Profitant des largesses qu'offre son absence, Kado, un autre membre de l'équipe, vingt-six ans à peine, décide de se consacrer plus au relationnel. La machine à café est devenue son premier bureau. Pendant ce temps, ses collègues travaillent.

Patrick lui, ne dit rien, ne voit rien. Mieux encore ! Constatant les lacunes de son collaborateur à gérer efficacement sa charge de travail, il demande expressément aux autres membres de les compenser.

Kado n'est nullement inquiété. Il bénéficie des meilleurs égards de la part de Patrick. Cette année-là, par exemple, il a été le seul à obtenir une augmentation de salaire. Ce que Patrick justifie : « *il faut beaucoup le motiver, celui-là* ».

L'équipe n'apprécie guère ce traitement de faveur qui, de surcroît, augmente leur charge de travail. Tandis que Kado lui, poursuit dans sa lancée avec une désinvolture monstre.

Conséquences :

– Un fort sentiment d'injustice et de dégoût face à un comportement déviant mais qui s'avère très avantageux. Car, loin d'être pénalisé, Kado est plutôt récompensé.

– Des tensions prennent racine au sein du service.

– Les résultats sont obtenus au prix d'épuisement et de stress pour les collaborateurs loyaux.

– Découragement de l'équipe et colère face au collègue déviant favorisé et ingrat.

– Tout cela ayant un coût pour l'entreprise.

– Kado est de plus en plus isolé. Patrick de plus en plus ignoré, contesté et dénigré. Le malaise se généralise.

– Ce laisser-aller suscite de nombreux commentaires et devient chronophage pour tous. C'est d'ailleurs la première fois que leurs résultats sont aussi mauvais...

– Les services voisins se rendent compte de la situation. Faute d'explications objectives, les bruits de couloir alimentent une relation sexuelle entre les deux hommes. L'information est relayée d'un service à un autre.

***

En l'apprenant, Patrick est mal, très mal.

—… Vous vous rendez compte ? Dit-il un jour. *Je vais mettre un terme à tout ça.*
— Comment ?
— Je vais réunir mon équipe et leur dire que c'est faux.
— Ensuite vous réunirez tous les autres services, les uns après les autres ? Vous imaginez le temps qu'il faudra y consacrer et aussi le côté ridicule de la démarche ?

Après un temps de réflexion,

— Alors, qu'est-ce qui me reste comme solution ?
— Prendre les choses par le bon bout : tout est parti du comportement de votre collaborateur que beaucoup dénoncent, vous reprochant votre excès de tolérance à son égard. C'est bien cela ?
— Oui.
— Et vous, qu'en pensez-vous ? Soyez honnête.
— Que ce n'est pas très correct de sa part.
— Vis-à-vis de qui ?
— De moi et des collègues.
— Dans quel sens ?

— Je lui accorde certainement des privilèges qu'il ne mérite pas, croyant le motiver.

— Le lui avez-vous jamais dit aussi franchement ?

— Non ! Vous savez, je n'aime pas humilier les gens.

— Qui parle d'humilier ?

— Je pensais qu'en étant plus souple avec lui, il serait plus impliqué.

— Visiblement, ça ne marche pas. Et maintenant vous êtes en difficulté.

— Exactement. Alors que faire ?

— Lui parler tout simplement, lui demander sans équivoque de prendre ses responsabilités. Vous n'avez pas besoin de l'humilier.

— Ça me met vraiment mal à l'aise.

— Il me semble pourtant clair que vous n'avez pas le choix. Il faut juste vous préparer.

— Puis-je compter sur vous ?

***

...Dans son bureau, Patrick contemple fébrilement la carte de France affichée au mur. Un coup frappé à la porte le tire de sa rêverie :

— Entre. Dit-il. *Et assois-toi.*

...

— Kado, comment ça va ?

— Bien.

— Es-tu au courant de ce qui se dit à notre sujet ?

— Je m'en fiche.

— Pas moi.

— Tu devrais.

— Ce n'est pas aussi simple. Sais-tu au moins ce qui est à l'origine de cette situation ?

— Non !

— C'est mon excès d'indulgence à ton égard !

— Ils sont fous ou quoi ?

— Tu n'as pas changé malgré mes efforts. Tu es toujours à la machine à café contrairement à tes collègues. Tu as du mal à faire entièrement ton travail.

— Si ! La preuve, mes dossiers sont toujours prêts à temps.

— Uniquement grâce à tes collègues !

— Je ne leur ai jamais rien demandé, j'aurais fini par faire le travail moi-même.

— Ah ! Sache donc qu'à partir de maintenant, tu vas te plier aux règles qui sont celles de cette équipe… Et si tu ne changes pas, tu n'en feras plus partie. C'est clair pour toi ?

— Très clair. Il fallait me dire que ça te gênait.

— Je ne suis pas le seul concerné, il y a aussi tes collègues.

— Eux, je m'en fiche, ils râlent tous après moi. Ils ne me parlent pas. Ils ne m'aiment pas.

— Ça t'étonne après la façon dont tu te comportes ?

Kado ne réagit pas.

— Il me semble avoir été assez clair. Mais avant de conclure, aurais-tu des difficultés ou un besoin spécifique ? Si c'est le cas, c'est le moment d'en parler.

— Mon problème, c'est surtout mes collègues. Je n'ose pas les solliciter. Je suis obligé de me débrouiller tout seul.

— Prouve-leur que tu es responsable et tu verras que les choses rentreront dans l'ordre.

— Entendu.

— Nous allons maintenant revoir tes objectifs… Ils sont pour l'instant quotidiens et c'est pour deux semaines. Nous ferons un débriefing en fin de journée. Ensuite, ce sera une fois par semaine et ce, jusqu'à ce que les choses se remettent convenablement en place. Ça te convient ?

— Oui ! Très bien.

— J'espère que tu as bien compris que je serai intransigeant si tu ne fais pas d'effort de ton côté. Ces bruits de couloir m'ont beaucoup affecté. A demain 17h pour faire le point.

***

… Cet entretien fut suivi d'une réunion d'équipe. Patrick évoqua rapidement l'incident, ses conséquences. Il présenta des excuses à l'équipe. Il en profita pour rappeler les valeurs fondamentales au bon fonctionnement d'une équipe.

… Durant les deux semaines suivantes, tous suivaient de près le comportement de Kado, comme pour être sûrs qu'il ne s'agit pas d'une manœuvre hiérarchique quelque peu manipulatrice. Petit à petit, ils baissèrent la garde.

Claudie eut droit au même traitement. Depuis, Kado et elle sont devenus membres à part entière de l'équipe et la difficile période passée est maintenant oubliée.

Patrick quant à lui, a gagné en estime et respectabilité. Il a suivi des modules de formation en management d'équipe, avec un focus particulier sur le leadership.

CE QU'IL FAUT RETENIR

1) Afficher une attitude d'indifférence face aux dysfonctionnements de votre entreprise, département ou service, c'est avouer votre incompétence et votre incapacité à assumer vos fonctions.

2) Recadrer un collaborateur fait partie des impératifs managériaux. Cela requiert cependant finesse, charisme et leadership. Les managers à qui il manque ces attributs ont parfois tendance à avoir recours à la manipulation.

La manipulation est une tactique perverse et coûteuse. Elle dissimule de nombreux maux : manque de confiance en soi, lâcheté, manque d'assurance, peur de l'autre, inconscience, incompétence, égoïsme… Vos collaborateurs n'étant pas dupes, ils auront de vous l'image peu valorisante d'une personne pathétique et incapable de prendre ses responsabilités, loin de celle du « chef gentil » que vous cherchez à véhiculer. **Estimation du coût de ces incidents par an : 19362€**

3) Retenez avant tout que la communication, plus précisément le « savoir-dire les choses » est la clé de tout. Vous pouvez très bien recadrer vos collaborateurs sans pour autant entamer votre capital de sympathie. Il vous suffit pour cela, de les respecter, de leur dire ouvertement et fermement les choses sans les humilier.

Pour approfondir, lire aussi « Dirigeants, Managers, Collaborateurs, ces parasites qui vous nuisent au travail » Histoire des parasites 31.

24

« Je fais le travail de quatre personnes ! »

<u>Le cas d'Amélie</u>

Nouvellement arrivée dans la région, Amélie est inquiète. Elle craint de ne pouvoir trouver un travail intéressant. Aussi, sa joie et son enthousiasme sont grands, lorsqu'elle décroche cet emploi de conseillère en vente. Elle se jette corps et âme dans son travail.

Les prévisions de recrutement de l'entreprise prévoient quatre embauches supplémentaires pour consolider l'équipe. En attendant, elle doit se débrouiller seule. Son supérieur hiérarchique la rassure régulièrement que le nécessaire sera fait.

En réalité, si Amélie s'en sort plutôt bien, c'est à coup de sacrifices. Au début, au moins trois fois par semaine, elle quitte le bureau à vingt heures, voire plus tard, pour que les dossiers ne souffrent de retard. Elle est célibataire avec deux enfants. Sa voisine ne rechigne pas à la dépanner de temps en temps. Mais vu la récurrence, la situation devient peu à peu gênante.

***

Lorsqu'elle évoque sa charge de travail, son supérieur lui répond pour la nième fois, qu'il est conscient de ses efforts. Qu'elle s'en sort plutôt bien et que la procédure de recrutement est bien enclenchée. Litanie qu'elle entend depuis quatre mois déjà.

Quatre mois durant lesquels, la frustration et des sentiments négatifs la dévorent : sentiment d'inachèvement lorsqu'elle quitte le bureau, de désespoir, d'épuisement, de culpabilité et de découragement face à une charge de travail sans cesse croissante. Le tout assorti d'un fort sentiment d'insécurité. Elle a de plus en plus l'impression d'être exploitée.

Dans ce contexte, la consolidation de son contrat de travail apparait comme une juste reconnaissance. Elle passe en CDI. Mais sur le fond, rien ne change. Elle quitte systématiquement le bureau au-delà de vingt heures, sans en parler à qui que ce soit.

A cette même période, elle est sujette à de sérieux troubles digestifs. D'une simple constipation, ils se compliquent au fil du temps, frôlant l'occlusion intestinale, accompagnés de sévères hémorragies nauséabondes et pressantes.

Au bureau, elle se retient, évitant d'indisposer les visiteurs. Ce qui est une vraie torture. Pour son médecin, ces malaises proviennent sans doute du stress occasionné par sa situation professionnelle. Il lui conseille de s'arrêter quelques jours, mais Amélie refuse. Ne souhaitant pas mettre l'entreprise en difficulté.

***

...Finalement, Amélie est contrainte de s'arrêter. Devant ce chaos, trois personnes sont rapidement embauchées.

Quant à Amélie, ses soucis digestifs ont spontanément disparu dès leur prise de fonction.

Malgré ce retournement de situation, Amélie n'a pas hésité à saisir l'opportunité d'aller travailler ailleurs, lorsque l'occasion s'est présentée ; au grand regret de sa hiérarchie.

CE QU'IL FAUT RETENIR

1) Vos collaborateurs ne sont pas des mulets. Les pousser à surinvestir, c'est les tuer au fil du temps.

2) Vos collaborateurs loyaux sont vos protecteurs. Préservez-les, comme eux, en travaillant autant, essaient de vous épargner et de protéger vos intérêts.

3) Vos supérieurs ne sont pas des devins. Vous devez porter à leur lumière toute source d'entrave, qui viendrait alourdir abusivement votre charge de travail.

4) Vous devez donner votre pleine contribution, mais pas à n'importe quel prix. Si vous vous absentez quelques jours pour vous reposer parce que vous n'en pouvez plus, l'entreprise ne fermera pas ses portes à cause de vous.

Pour approfondir, lire aussi « Dirigeants, Managers, Collaborateurs, ces parasites qui vous nuisent au travail » Histoire des parasites 32.

- 25 -

« Il nous surveille sans arrêt »

Le cas de M. Partoutat

Je viens de franchir le portail de cette entreprise et me dirige maintenant vers la porte d'accès au bâtiment qui abrite les bureaux de la direction générale.

Depuis l'interphone :

— Madame, bonjour ! Je viens voir M. Partoutat... Il a rendez-vous avec M. T. Celui-ci ne pouvant être présent à la suite d'un fâcheux contretemps, je suis venue le représenter.

— Attendez, je vais voir avec M. Partoutat.

Au bout de quelques instants :

— Madame je suis désolée, il vient de me dire qu'il n'a pas rendez-vous avec vous.

— Je sais, puisque je vous dis qu'il avait rendez-vous avec M. T. mon directeur. Ce dernier a eu un imprévu et n'a pas pu vous prévenir. Je viens de faire deux heures de route pour le voir au créneau prévu...

— Attendez, me dit de nouveau la voix. Je retourne le voir.

Au bout des cinq minutes qui me parurent interminables, la porte d'entrée s'ouvrit. Dévoilant une silhouette imposante face à laquelle un instant, je me sens minuscule dans mon tailleur, tout comme mon cartable et mes talons hauts.

— Madame, pourquoi insistez-vous autant pour me voir ? Nous n'avons pas rendez-vous.

— *Monsieur, je comprends votre étonnement. Vous aviez rendez-vous avec Monsieur T. c'est bien cela ?*

— *Oui !*

— *Eh bien, je suis venue le remplacer. Je suis sa collaboratrice responsable du dispositif qui vous intéresse. Monsieur T. a eu un imprévu très tôt ce matin et n'a pas pu vous prévenir. Etant donné que c'est moi qui serai votre interlocutrice, ne trouvez-vous pas que nous avons là une bonne occasion pour mieux nous connaitre ? Je vous présente encore une fois des excuses pour cette déconvenue.*

— *Venez* ! Dit-il bougonnant.

***

… M. Partoutat se détend enfin. Il m'offre un chocolat chaud. Il me parle de son entreprise, propos accompagnés d'une longue tirade, incriminant ses collaborateurs managers opérationnels (Responsables d'ateliers).

A ses dires, tous, incapables d'encadrer leurs équipes, incapables de prendre des initiatives, attendant qu'il fasse tout à leur place. Résultat, il croupit sous des tonnes de dossiers et doit être partout à la fois. Ce qui est épuisant.

… Lors de la rencontre avec les managers incriminés, les faits évoqués s'accordent à dénoncer l'autoritarisme de M. Partoutat, appuyant qu'il est en permanence sur leur dos et que tout doit passer par lui. Qu'il veille scrupuleusement à prendre toutes les décisions, même pour les sujets touchant directement au travail de terrain spécifique à leurs secteurs et pour lequel ses compétences sont limitées.

Ce qui occasionne des lenteurs ; Monsieur étant souvent à l'extérieur, provoque des retards à plusieurs niveaux et parfois des erreurs. Conséquences : colère des clients et stress collectif. Les managers sont à cran.

A ce moment précis, j'ai en face de moi des personnes de bonne volonté qui, me semble-t-il, ne demandent qu'une chose : obtenir la confiance de leur directeur et l'autonomie nécessaire au bon fonctionnement de leurs secteurs respectifs.

Comment aborder la question sans contrarier cet homme si froid ?

… Une métaphore me vient un jour à l'esprit : la métaphore « du chat qu'on caresse ». Je ressens le relâchement musculaire d'avant et pendant cet acte. A la pensée que M. Partoutat pourrait caresser un chat, mon esprit se bloque. Je tiens là sans aucun doute, ma clé d'entrée !

***

… Ce matin-là, il semblait de bonne humeur. Je me dis que c'est le moment d'introduire le sujet :

— *M. Partoutat,* lui dis-je calmement, *vous avez un chat ?*

La question le prend visiblement de court.

— *Pourquoi ? Non, je n'en ai pas.*

— J'en étais presque sûre.

— Comment cela ?

— Parce que les chats demandent beaucoup d'attention et de patience.

Il m'interrompt :

— Et quel est le rapport avec moi ?

— Le relâchement, le lâcher prise. Voyez-vous, avec un chat, il faut se relâcher, se détendre, avoir une main souple et être en confiance.

— Ah, je ne voyais pas les choses sous cet angle. Et alors ?

— C'est exactement pareil pour le management. Sur ce point, j'ai l'impression que vous avez un peu de mal. Je me trompe ?

— C'est vrai. J'ai du mal à faire confiance.

— Vous êtes quelqu'un de très exigeant, c'est bien cela ?

— C'est ça. Il faut que je sois sûr du résultat final.

— Pour cela, vous avez besoin de tout contrôler.

— Effectivement.

— Et même lorsqu'il s'agit de vos bons collaborateurs ?

Pas de réponse. Je reprends :

— Vous disiez vous-même l'autre jour avoir trop de travail. Vous savez, j'ai eu l'occasion de discuter avec vos équipes. Vous serez étonné de savoir qu'ils ont réellement envie de

vous faciliter la vie… Je pense honnêtement que vous pourriez par exemple en profiter pour déléguer quelques responsabilités. Cela vous soulagera certainement.

— Non, je ne pense pas. J'ai mis gros dans cette entreprise et il est hors de question que je perde mon pouvoir. En plus, ils viendront me réclamer des augmentations de salaire à tout va…

— Si je comprends bien, vous pensez qu'en déléguant des responsabilités, vous perdrez votre pouvoir et ouvrirez la voie à des demandes d'augmentations de salaire ?

— C'est cela même.

— Il y a certainement du vrai dans ce que vous dites. Mais, en me basant sur les échanges eus avec eux, honnêtement, je ne pense pas qu'ils prennent les choses ainsi. Je crois qu'ils ont surtout besoin que vous leur fassiez confiance et de vous prouver qu'ils le méritent…

***

Après avoir consulté ma montre, je lui suggère :

— Il nous reste encore un peu de temps, je propose de faire un petit exercice très intéressant et facile si vous êtes d'accord.

— Allons-y.

— Prenez trois feuilles blanches. Sur la première, décrivez à quoi ressemble une personne à qui vous pourriez véritablement accorder votre confiance.

Sur la deuxième feuille, dites si à tout hasard, il y aurait dans l'atelier ou dans votre entreprise, des personnes ayant un profil se rapprochant de celui que vous venez de décrire.

Sur la troisième, choisissez en définitive trois personnes ou plus et pour chacune d'elle, motivez votre choix, en classant vos arguments chaque fois par ordre d'importance (1 étant le plus important).

Après un temps de réflexion, M. Partoutat s'en étonne lui-même :

— Je vois une, deux, trois, quatre personnes !

— Vous pouvez préciser ?

— Lui est comme cela…, et lui…

Nous dressons ainsi les profils des collaborateurs pressentis pour des éventuelles responsabilités à déléguer. La séance prend fin. M. Partoutat est d'accord pour poursuivre le lendemain.

— Maintenant, voyons ce que vous pouvez leur confier. Prenons par exemple Martin. Si vous aviez des responsabilités à lui confier, ce serait quoi ?...

Cet exercice a abouti à :

1) La réorganisation des services.

2) Une répartition plus équitable et plus valorisante des responsabilités.

3) Une meilleure mobilisation des compétences.

4) Un gros allègement de la charge de travail de M. Partoutat, avec un changement d'humeur favorable.

5) Moins de stress pour les équipes et meilleur investissement.

6) Une réactivité plus forte et une baisse du taux de rebuts.

Au grand bonheur de M. Partoutat, des clients, des équipes et services.

CE QU'IL FAUT RETENIR

1) Un seul Homme ne peut faire fonctionner une entreprise. Mais si vous pensez être en mesure de relever ce défi, n'embauchez pas ; vous ferez sans aucun doute des économies. Le cas échéant, répartissez concrètement les rôles, pour que vos collaborateurs vous soient réellement utiles.

2) Ne vous tuez donc pas au travail. Pratiquez la délégation responsable, vous serez plus heureux et épanouis. Vous vivrez mieux et plus longtemps.

La délégation responsable et collaborative (DRC). Le récit vous en donne un aperçu. Ici déléguer devient :

a) Avant tout un acte libre, un acte volontaire et bien cadré. C'est vous le délégateur, qui décidez des tâches à déléguer. C'est vous qui choisissez ensuite vos délégataires, autrement dit des personnes en qui vous avez confiance.

b) Un acte de bien-être pour vous préserver au travail. Et caresser un chat ici trouve tout son sens. Il signifie s'ouvrir à l'autre, baisser la garde, se détendre. On ne peut caresser un chat en ayant la main raide ou en étant méfiant.

c) Un acte managérial. Et en tant que tel, il doit être préparé.

e) Un contrat passé entre deux personnes, vous (délégateur) et votre collaborateur (délégataire), spécifiant les enjeux et définissant les modalités, les méthodes et les résultats attendus.

f) Un acte de reconnaissance et de valorisation du collaborateur, qui de ce fait, impose des exigences de compétences.

g) Toute action de délégation réussie doit réunir les cinq variables suivantes :

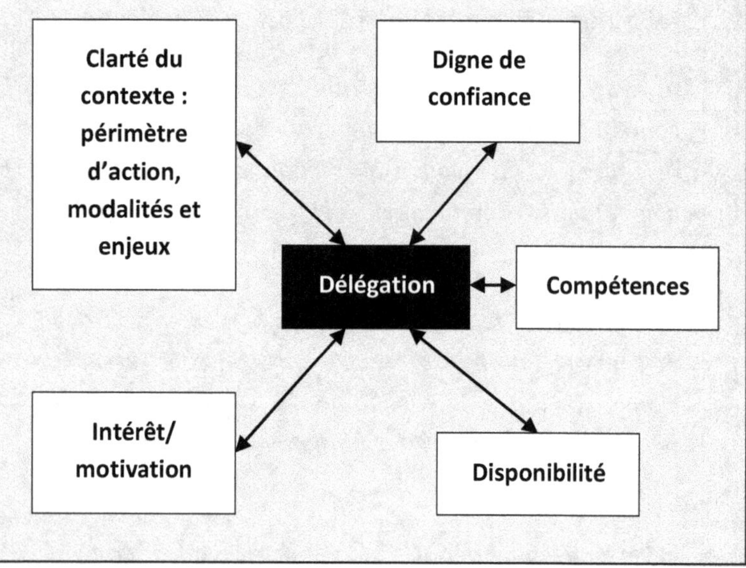

Si ces conditions ne sont pas réunies, il vous reste plusieurs possibilités au cas par cas :

a) Vous ne déléguez pas.

b) Vous déléguez, mais en assurant un suivi de proximité étroit.

c) Vous déléguez par pallier, jusqu'à ce que vous ayez la preuve de l'autonomie acquise.

D'une façon générale, pas de délégation sans contrôle. Cela permet d'anticiper, de rattraper efficacement les dérapages et de minimiser les coûts.

3) Favoriser l'autonomie, responsabiliser ses collaborateurs,

a) c'est ouvrir la porte de la sérénité,

b) c'est sortir de l'engrenage « le nez dans le guidon ». Car beaucoup de vos collaborateurs n'attendent de vous qu'une chose : les sortir de leur train-train et leur donner l'opportunité de mobiliser le meilleur d'eux-mêmes pour vous être utiles.

Pour approfondir, lire aussi « Dirigeants, Managers, Collaborateurs, ces parasites qui vous nuisent au travail » Histoire des parasites 33.

26

Quand la frustration rend toxique et pollue le climat de travail

Cilia travaille depuis douze ans dans cette organisation. Avec l'ancien directeur, tous deux formaient un tandem efficace. De ce fait, elle a acquis une véritable compétence dans le pilotage des projets de développement territoriaux et nationaux.

Les différents acteurs associés à ces actions reconnaissent ses compétences, mais déplorent souvent son tempérament « rentre dedans ». Aussi, est-elle très déçue et frustrée de n'être pas nommée au poste de directeur lorsque celui-ci se retrouve vacant.

Le nouveau directeur Fabien T, lui, est plus jeune et moins expérimenté que l'ancien. Adepte de la transparence, il n'hésite pas à avouer lors des réunions d'équipe, son incompétence à traiter certains dossiers. Des dossiers qui, au fil du temps, s'avèrent assez nombreux.

Ce jour-là, je suis conviée à une réunion dans les locaux, une sorte de brainstorming dédié au lancement de nouvelles prestations. Alors que le directeur présente son fichier Powerpoint, sans autorisation aucune, Cilia se lève et s'approche de lui, lui arrachant presque la baguette des mains :

— Laisse-moi faire ! De toute façon, tu n'y connais rien !

Et elle entreprend de commenter avec brio les documents affichés. J'en suis outrée ! Comment ose-t-elle le traiter ainsi ? De sa place, le directeur semble rapetisser au fil des minutes que dure la présentation… La réunion se termine enfin.

Fabien T. m'invite à entrer quelques minutes dans son bureau. Refermant soigneusement la porte, il se lâche :

— *Vous venez d'assister à mon calvaire ! Voilà quel est mon véritable problème ici : elle ! Depuis mon arrivée, il ne se passe de jour sans qu'elle m'humilie. Elle inflige le même traitement à ma nouvelle assistante. La pauvre ! Je vois qu'elle commence à déprimer. Elle se permet de venir ici une fois par semaine ranger mes dossiers, sous prétexte que je suis bordélique. J'ai tenté de l'en dissuader sans succès. Je ne suis pas quelqu'un de violent. Honnêtement, je ne sais plus quoi faire. Je tremble, rien qu'à l'idée de venir travailler !*

***

Un an plus tard, la fournaise Cilia, continuait de brûler. Tandis que Fabien T, qui avait fini par bénéficier d'un coaching de prise de fonctions, entièrement financé par la structure, afin de gagner en posture et de monter en compétence poursuivait ses progrès. Après des recadrages fermes, Cilia cessa d'aller fourrer son nez partout dans ses dossiers. Mais la situation restait toujours énergivore pour lui.

… Un matin, alors que la délégation reçoit le nouveau directeur national M. Fancy arrivé il y a tout juste deux mois, Cilia se donne de nouveau en spectacle. Sans attendre, ce dernier lui fixe un rendez-vous au siège à Lyon.

… Ce jour-là, Cilia se retrouve assise, en face de lui, dans son immense bureau. L'entretien se déroule ainsi :

— … *Quel est exactement votre problème avec Fabien T ?*
— *Il est incompétent.*
— *Puis-je savoir sur quoi vous vous basez pour traiter ainsi votre directeur ?*
— *Il est toujours en train de dire qu'il ne sait pas.*
— *Et cela vous donne le droit de le malmener comme vous le faites ?*
— *Je ne le malmène pas !*
— *Dans ce cas, permettez-moi de vous rappeler quelques faits…*
— *Je voulais juste l'aider.*
— *Non, je ne pense pas. Car si c'était le cas, vous auriez procédé autrement. Vous cherchez juste à l'humilier.*

Pas de réaction de la part de Cilia.

— *Vous pensez que cela donne envie de travailler avec vous ? Que cela donne une bonne image de vous ? Pas du tout, je peux vous le dire.*

Toujours pas de réaction.

— *D'après ce que je sais, vous avez tenté à plusieurs reprises d'accéder au poste de directeur départemental. C'est bien cela ?*
— *C'est cela.*

— Et avez-vous seulement essayé de comprendre le pourquoi de la situation ?

— Ben, qu'ils pensent que je suis mieux à mon poste actuel. Regardez, j'ai fait ceci, cela…

— Vous vous trompez Madame. Je vais vous en donner les vraies raisons : votre comportement, votre caractère. Et en ce qui me concerne, sachez dès à présent, que tout comportement de votre part, allant à l'encontre du respect des personnes, qu'il s'agisse de votre supérieur ou de vos collègues sera sévèrement puni et peu importe la raison. Vous ne pouvez évoluer avec un tel comportement. De votre côté, n'hésitez pas à me signaler toutes provocations dont vous serez la cible. Maintenant, la balle est dans votre camp. Vous pouvez partir.

— Merci.

***

… A son retour, Cilia s'enferma dans un mutisme profond, parlant à peine. Lorsque Fabien T lui posait une question sur un dossier, elle se levait, ouvrait le classeur, sortait le dossier et le lui tendait sans un mot. Cela dura deux semaines. Puis, elle aligna son comportement sur celui de ses collègues.

Quant à Fabien T, il terminait à peine son coaching, qu'une belle mission se présenta à lui. Deux semaines plus tard, il donna sa démission, à la grande colère des recruteurs. Ces derniers le traitèrent d'escroc…

Face à ce mécontentement, il argua qu'il n'y était pour rien, les accusant de lui avoir caché les raisons du turn over observé à ce poste depuis le départ de l'ancien directeur. Pour lui la légère amélioration constatée arrivait trop tard. Cette fois encore, Cilia n'obtint pas le poste de directeur.

Le cas Brita

Brita est arrivée dans cette entreprise familiale à l'ouverture. Ils étaient juste cinq : le père fondateur, sa femme, les deux fils et un cousin. Elle s'occupait de l'administratif. Puis, petit à petit, l'effectif s'est étoffé et il a fallu structurer le tout de façon plus formelle.

La direction décide donc d'embaucher une assistante plus qualifiée pour travailler avec Brita. Cette dernière tient à participer aux épreuves de sélection, mais la direction décline son offre, estimant que sa demande outrepasse ses attributions.

… Un mois plus tard, Nadège arrive dans l'entreprise. Elle est un véritable bout en train, aimable et rigoureuse. Fort contente de son recrutement, la directrice organise une réunion, afin de rendre solennelle l'intégration de Nadège dans l'entreprise. Dans la salle, l'ambiance est conviviale. Tout le monde est présent à l'exception de Brita. Elle finit par arriver, trainant les pieds, l'indifférence affichée en grand caractère sur le visage…

Les deux femmes partagent un grand bureau, chacune installée de façon à ne pas empiéter la zone de travail de l'autre.

Nadège se heurte d'entrée à la froideur de Brita à son égard. Cette situation n'échappe pas à la directrice.

Plusieurs fois par jour, elle vient voir Nadège, afin de s'assurer que tout va bien. Lui rappelant de ne pas hésiter à signaler la moindre anomalie...

***

L'ambiance du bureau est glacée. Chaque fois que Nadège prend un appel, Brita arrête de travailler et l'observe. Dès qu'elle raccroche :

— *Pourquoi es-tu si maniérée au téléphone ?*

— *Ah bon ? Je ne me rends pas compte. Et puis, qu'est-ce que ça peut faire ? L'autre ne me voit pas.*

Chaque fois qu'elle extrait un dossier du classeur, Brita bondit :

— *Ha ! C'est le dossier Lorcat ? Ils ont fait ceci, ils ont fait cela... je les connais bien. J'ai fait ceci ou cela pour eux, je peux m'en occuper et elle emporte le dossier.*

Depuis quelques temps, des dossiers « arrachés » des mains de Nadège s'empilent sur son bureau. Tandis qu'elle geint d'avoir trop de travail.

— *Brita, mes dossiers ne cessent d'atterrir sur ton bureau alors que tu n'as pas le temps de les traiter. Je te propose de voir d'ici la fin de la semaine comment nous organiser pour mieux nous répartir équitablement le travail.*

— *Si tu veux la semaine prochaine. Je suis vraiment désolée, je n'ai pas le temps. J'ai trop de choses à faire en ce moment qui ne peuvent pas attendre...*

— Dans ce cas, je vais reprendre les dossiers. Et s'il te plaît, ne reviens pas les chercher, ça devient agaçant.

Brita la foudroie du regard.

En attendant, Nadège semble avoir trouvé la parade pour faire avancer certains dossiers et profiter d'un peu de calme : arriver au bureau avant Brita. Mais dès que cette dernière fait son entrée, la voilà qui jette son sac et ses clés sur son bureau. Et, sans lui dire bonjour, contourne le bureau de Nadège et vient se planter derrière elle, pour lire par-dessus son épaule, le dossier sur lequel elle travaille. Puis, elle commence à démonter en pièces le travail de sa collègue, sans l'avoir réellement lu.

Un matin, Nadège arrive vêtue d'une belle jupe. Tandis que les compliments fusent de toutes parts, Brita ne peut s'empêcher :

— J'ai eu ce genre de jupe il y a quelques années. Je suppose que tout ton argent passe à t'acheter des habits.

— C'est tout ce que tu trouves à dire ? Réagit un collègue.

Un autre renchérit :

— Cela ne te regarde pas. Elle est libre de dépenser son argent comme elle l'entend.

***

Nadège continue à faire preuve de patience et de bienveillance. Un matin, sa voiture fait des caprices. Elle n'a pas le choix que de prendre les transports en commun. Ce qui tombe mal, c'est le jour de la réunion d'équipe. Elle arrive juste au moment où le directeur finit de présenter l'ordre du jour. Au bruit de la porte d'entrée qui s'ouvre, voilà que Brita saute de sa place :

— *Dis donc, tu te permets bien des libertés ! Cela fait cinq minutes que nous t'attendons !*

— *Fiche-moi la paix Brita tu veux ? J'ai eu un souci de voiture.*

La voix de Nadège est haute. Depuis la salle de réunion, l'assistance suit la scène. On peut lire la satisfaction sur les visages. Tous espèrent qu'elle va enfin lui clouer le bec à cette mégère surexcitée.

— *Excusez-moi, j'ai eu un souci de voiture.* Dit-elle.

— *Asseyez-vous, ça peut arriver à chacun d'entre nous. N'est-ce pas Brita ?* Réplique le directeur.

… La réunion se poursuit, Brita s'acharnant à faire du ping-pong avec Nadège dès qu'elle prend la parole. Comportement recadré sur le champ à plusieurs reprises par le directeur… Puis la réunion arrive à son terme…

— *Monsieur.* Dit Nadège. *Puis-je m'entretenir quelques instants avec ma collègue ? Ma patience est à bout. Si vous le permettez, je vais demander au secrétariat de bloquer un moment nos appels.*

— *Il n'y a pas de problème. Faites.*

— *Cela prendra environ une demi-heure.*

— Même plus si vous voulez.

... Dans le bureau des deux femmes, la tension plane dans l'air.

— Tu as un souci avec moi ? Dit Nadège.

— Non, pourquoi ?

— Tu passes ton temps à m'agresser.

— T'agresser ? Moi ? Pas du tout.

— Ah ! Comment appelles-tu tes remarques sur mon habillement, mon comportement au téléphone, mon travail et ce qui s'est passé ce matin ?

— J'étais agacée que tu sois en retard.

— Et toi, tu n'as jamais été en retard ? Dois-je te rappeler que la semaine dernière et celle d'avant, il a fallu t'attendre ? As-tu eu une seule remarque désobligeante ?

— J'avais un travail urgent à faire.

— Au point de venir m'attendre derrière la porte d'entrée ?

— Oui !

— Tu te prends pour le directeur ? Sache donc que c'est la dernière fois que tu me manques de respect. Faire preuve de patience et de tolérance ne signifie pas être faible. Ne me pousse pas à sortir de mes gonds.

Silence. Nadège continue :

— A partir de maintenant, ne t'avise plus à empiéter mon espace de travail sans y être invitée : te tenir derrière moi et lire par-dessus mon épaule, intervenir dans mes dossiers,

critiquer mon travail alors que tu n'en sais rien. Tu maitrises tes dossiers c'est un fait, reconnais aussi que je maitrise les miens et laisse-moi faire mon travail. Pour terminer je t'invite à intégrer une bonne fois pour toute que tu n'es pas mon supérieur hiérarchique, tu es juste une simple collègue.

***

… Le lendemain, alors que Nadège travaille, Brita quitte sa place :

— *Nadège, le dossier X, il faut que tu fasses ceci, cela…*

— *C'est toi qui l'as en charge ?*

— *Je sais bien que c'est toi.*

— *Alors, le sujet est clos.*

— *Mais j'ai déjà traité ce type de dossier…*

Pendant qu'elle poursuit son baratin, Nadège ne lève pas le nez de son dossier, pas plus qu'elle ne prête attention à ce qu'elle raconte. Brita continuant, Nadège sort un bloc note de son tiroir et se met à dessiner n'importe quoi. Au bout d'un moment, Brita réalisant enfin qu'elle n'obtiendra rien de plus, rejoint sa place.

Les jours suivants et les jours d'après, Nadège utilise la même tactique : dessiner sur son bloc note ou profitant de l'instant pour passer un coup de fil…

Puis ce matin-là,

— *Dis, pourquoi tu ne veux pas me parler ? S'enquit Brita.*

Tel un automate, Nadège posa lentement son stylo, leva la tête et regarda sans émotion aucune sa collègue :

— *Parce que **1)** tu ne me respectes pas. **2)** Tu es convaincue de détenir des compétences sur tout, même sur les sujets qui t'échappent et d'être la seule capable de faire du bon travail. **3)** Tu penses que je suis à ta disposition. **4)** Tu n'as pas tenu compte de mon avertissement.*

Je n'ai jamais été malveillante vis-à-vis de toi. Ce qui est loin d'être ton cas. C'est toi qui as voulu qu'on en arrive là et maintenant, c'est toi qui te plains ? Mets-toi juste une minute à ma place…

Brita se tient là, honteuse. Au bout d'un moment :

— *Excuse-moi, je ferai plus attention.*

… Les débuts n'ont pas été faciles pour Nadège. Mais, il règne désormais une bonne ambiance dans le bureau.

CE QU'IL FAUT RETENIR

1) Embaucher un collaborateur dont les compétences seraient en dessous de celles exigées par le poste à pourvoir, requiert d'anticiper des actions compensatoires. Sinon, soyez conscient de l'envoyer à l'abattoir.

2) Les méthodes utilisées pour accéder au pouvoir divergent d'un individu à l'autre. Certains choisissent d'être des rouleaux compresseurs, écrasant les autres à leur passage, les rendant malheureux, malades, incompétents, tuant la confiance en soi… Tandis que les autres s'y adonnent plus subtilement.

A l'origine de ce dysfonctionnement, le besoin de reconnaissance et de valorisation qui exacerbe l'égo, rend désagréable, jaloux, paranoïaque, mesquin, méchant, agressif. Tout cela étant énergivore pour l'environnement de travail et certainement plus pour la personne elle-même.

3) N'oubliez surtout pas que toute entreprise évolue et que bien souvent, cette évolution se traduit par des mouvements divers : promotion interne, mobilité interne, réorganisation… **Dans cette perspective, la technicité tout comme le comportemental occupent une place importante. Exigence plus accrue lorsqu'il s'agit des postes de managers.**

4) Vous devez afficher zéro tolérance face à la maltraitance et aux incivilités.

Pour approfondir, lire aussi « Dirigeants, Managers, Collaborateurs, ces parasites qui vous nuisent au travail » Histoires des parasites 34 & 35.

27

« Elle se mêle de tout ! »

<u>Le cas de Candy</u>

Skaimam emploie près de cinq mille personnes. Afin d'optimiser la qualité des produits, la direction décide de loger le partenaire clé sur un de ses sites. Le climat de cohabitation est relativement paisible. La configuration des bureaux en open space rend la communication difficile et empiète largement le principe de confidentialité.

Les personnels travaillant dans l'espace sont hautement qualifiés, minimum Bac+5, à l'exception de Candy, cadre de Skaimam. Candy est entrée dans l'entreprise il y a huit ans, en tant qu'assistante commerciale Bac+2.

Son domaine d'excellence : trainer ses oreilles un peu partout, croiser les informations à sa façon et transmettre le tout à son supérieur. Ce dernier semble beaucoup l'apprécier. Elle a acquis ainsi un certain pouvoir et est à l'origine, semble-t-il, de plusieurs licenciements et affectations disciplinaires. On la craint.

Un soir, elle entend Brandon se plaindre de la nouvelle organisation de son équipe. Le lendemain, en arrivant ce matin-là, M. Coole, le responsable du service dont fait partie Brandon, est étonné de trouver l'espace vide. Mais où sont-ils donc passés ? S'inquiète-t-il.

... Plus loin, il les aperçoit en salle de réunion avec Candy. Personne ne l'en a informé. Il rentre dans la salle, salue et s'assoie. Candy l'ignore et poursuit :

— Alban, vous me disiez que vous aviez trop de travail, c'est bien cela ?

Alban jette un regard indécis vers M. Coole.

Candy continue :

— Et vous Benjamin, vous dites que tout va bien. En êtes-vous sûr ? Votre travail n'est pas trop dur ?

— Non pas du tout.

— Trop stressant ?...

M. Coole l'interrompt avec fermeté :

— Puisqu'il vous le dit, inutile d'insister. Je vois que vous avez fini avec les points importants. Je propose que nous allions tous reprendre le travail. Nous avons beaucoup à faire aujourd'hui !

L'équipe quitte la salle sans un mot.

***

... Le lendemain,

— Candy, pouvez-vous m'accorder quelques instants, je souhaite vous parler. Lui dit M. Coole.

— Je suis très occupée.

— Je sais. Moi aussi. Ça ne prendra que quelques minutes, je vous assure.

— *Bon, entrez. Je vous écoute.* Dit-elle en le prenant de haut.

— *Cela concerne votre réunion d'hier avec mon équipe.*

M. Coole affiche beaucoup de calme et d'assurance.

—*Très bien, je vous écoute.*

— *Vous avez convié mon équipe à une réunion d'expression sans m'en parler.*

— *J'ai compris qu'il y avait des problèmes et je voulais juste les aider à exprimer leur ressenti.*

—*Et après, que comptiez-vous faire avec ces informations ?*

Pas de réponse.

— *Répondez-moi franchement. A quelle échelle êtes-vous satisfaite de votre travail ? A 100% ? 200% ou plus ?*

Candy semble surprise par la question.

— *A 100% ? Non, mais à 80% je dirais oui. Et pourquoi cette question ?*

— *Parce que c'est de cela qu'il s'agit : de la satisfaction au travail. Donc si je comprends bien, tout ne vous plait pas dans votre travail.*

— *C'est ça.*

— *Pourtant, vous ne passez pas votre temps à vous plaindre. Comment expliquez-vous cela ?*

— *En dix ans, j'ai compris que tout ne peux être parfait. Alors je fais avec.*

— *Et c'est facile ?*

— *Quoi ?*

— *Faire avec.*

— *Je ne comprends pas.*

— *Je voudrais juste savoir si c'est facile d'accepter que tout travail a des bons et des mauvais côtés.*

— *Oui, à partir du moment où on intègre que cela fait partie de son travail.*

— *Pourtant à la réunion, j'ai eu l'impression que votre but n'était pas de leur faire profiter de votre maturité dans ce domaine, mais de les pousser à se plaindre encore plus, surtout Alban et Benjamin. Je me trompe ?*

***

Candy, ne répond pas. M. Coole poursuit :

— *J'apprécie sincèrement l'intérêt que vous portez à mon équipe et votre philosophie pour ce qui est de la gestion quotidienne d'un poste de travail. Et à mon avis, si vous voulez véritablement être utile, pas seulement à mon équipe, c'est sur ce dernier point que vous devriez vous focaliser. Il me parait très intéressant, de transmettre cette vision positive du poste de travail qui fait défaut à beaucoup de personnes.*

— Vous croyez ?

— Bien évidemment. C'est un véritable atout que vous avez là. Voyez comment le valoriser auprès de votre hiérarchie et de votre service RH. Avant de m'en aller, je tiens tout de même à vous rappeler que la proximité des bureaux n'enlève rien au fait que nous sommes une entreprise à part entière. Il ne vous revient en aucun cas de réunir mon équipe pour quelque motif que ce soit. Si un jour vous voulez encore une fois nous faire profiter de vos talents, n'hésitez pas à venir m'en parler directement. Ma porte vous est grandement ouverte. On est bien d'accord ?

Candy acquiesce de la tête.

— Voilà, les choses sont plus claires et je vous en remercie. Il est important que nous puissions travailler dans un climat de confiance et de respect mutuel.

Depuis cette date, Candy ne semble plus s'intéresser à l'équipe de M. Coole. Quant à ce dernier, elle en fait souvent des éloges.

CE QU'IL FAUT RETENIR

1) L'insatisfaction et la recherche de pouvoir peuvent effectivement conduire à transgresser les limites professionnelles.

2) En complément du commentaire précédent, **la manipulation est une tactique toxique, destructrice et égoïste.**

Le manipulateur agit à son propre avantage et ce, au détriment de son équipe et de l'entreprise. Tantôt sauveur, tantôt bourreau, dissimulant par ce biais son complexe d'infériorité.

3) A part alimenter l'ego de ceux qui s'y prêtent de pacotilles, le manipulateur n'a rien de constructif, au contraire ! Ne le laissez pas sévir.

Pour approfondir, lire aussi « Dirigeants, Managers, Collaborateurs, ces parasites qui vous nuisent au travail » Histoire des parasites 36.

28

Qui manque de rigueur est une
éternelle victime
et source permanente de stress

Le cas de Mathias

Mathias travaille au service de gestion informatique des procédés de production. Il est sous les ordres de Pierre, un homme patient qui, à la suite d'un divorce, ne voit ses deux enfants que les week-ends.

Mathias doit impérativement terminer son reporting aujourd'hui, jeudi et le remettre à Pierre l'après-midi pour validation. Ensuite, celui-ci dispatchera ces données au sein du réseau clients au plus tard lundi.

Pierre a longuement insisté sur l'importance et l'urgence d'avoir ce reporting jeudi après-midi, dernier délai. La veille, alors qu'il a prévu de travailler sur le dossier toute la journée, Mathias accepte de prendre l'appel d'un client étranger. Un gros client de l'entreprise, pour un dossier géré par son collègue absent pour quelques jours. Le client a lourdement insisté sur l'urgence de son besoin.

Mathias prend donc à cœur la mission. Il parcourt différents services, consulte des fiches, passe des coups de fil sans succès. Finalement, il parvient à convaincre le client d'attendre le retour de son collègue. Ce que le client accepte.

Jeudi matin,

— Mathias, tu ne m'as toujours pas transmis les fichiers. Que se passe-t-il ?
— Je n'ai pas encore fini. J'en suis à la moitié. Je me dépêche.

— Je ne comprends pas !

— En fait, j'ai passé la demi-journée hier, à tenter de résoudre un problème pour WGD.

— Mais, ce n'est pas ton secteur !

— Je sais, mais c'est notre gros client et il a beaucoup insisté.

— Toujours en train de jouer les bons samaritains ! Maintenant, c'est moi que tu mets en difficulté ! Alors débrouilles-toi et vite ! Tu entends ?

***

Mathias déploie beaucoup d'énergie pour aller plus vite. Le stress s'empare petit à petit de lui. Il est quinze heures et le travail n'avance pas. Pierre faisant la navette entre les deux bureaux, ouvrant la porte de Mathias presque toutes les demi-heures pour s'enquérir de l'état d'avancement du travail. Mathias panique et s'agace. Pierre s'énerve…

A 18h30, les données sont enfin transférées. Vu l'heure, Pierre n'a d'autre solution que d'emporter l'ordinateur chez lui. Le vendredi matin, il arrive peu frais et visiblement en colère. Il entre telle une furie dans le bureau de Mathias :

— Ne t'avise plus jamais à me faire un coup pareil ! J'ai passé la nuit à corriger tes conneries et il va falloir que je travaille aussi le week-end !

… Des jours plus tard, Pierre adressa une note de service à l'ensemble des collaborateurs, leur demandant d'informer systématiquement leurs clients et de mettre en place une gestion automatique des absences. Et sans attendre, il installa Mathias dans le petit bureau à la baie vitrée à proximité du sien, d'où il pourrait aisément le voir.

Maintenant, Mathias se plaint de l'avoir continuellement sur le dos...

— Tu en as reparlé avec lui ? Fis-je.
— Non, il me l'a dit et a filé dans son bureau avant que j'ouvre la bouche. Je voulais pourtant lui dire combien j'étais désolé.
— Et c'est tout ?
— Oui, je n'allais tout de même pas lui courir après au couloir.
— Peut-être que cela aurait résolu le problème. Il est en colère, cela me semble normal, pas à vous ?

***

... Mathias est de plus en plus mal à l'aise. La même semaine, un soir, Pierre travaille tard. Il saisit l'occasion :

— Tu as besoin d'aide Pierre ? Lui dit-il.
— Pourquoi ? Fait ce dernier, étonné.
— Parce que j'aimerais bien qu'on parle et comme tu as beaucoup de travail, on fera d'une pierre deux coups.
— Pourquoi pas.
— Je te dois des excuses. Je voulais surtout te dire que je supporte mal le fait d'avoir perdu ta confiance.
— C'est vrai, je suis en colère. Tu m'as vraiment déçu. Si je ne peux pas compter sur toi, je demande ta mutation ! Ce

qui m'énerve encore plus, c'est ta façon d'agir. On dirait que tout cela n'a aucune importance pour toi.

— Si ! Si ! C'est juste que je ne savais pas comment m'y prendre pour te dire que je suis désolé et te demander de me donner une seconde chance.

— Ce que j'attends, c'est que tu fasses convenablement ton travail. Que tu le rendes dans les délais et cesses de faire le bon samaritain. Il n'y a pas de mal à aider un collègue ou un client en difficulté, mais avant, assures-toi d'avoir fini ton travail. C'est cela ta priorité. Ça te semble plus clair à présent ?

— Oui.

— J'espère que nous n'aurons plus jamais cette conversation.

— Je t'en fais la promesse.

Petit à petit, le climat s'est détendu…

Le cas de Raphie

Raphie, diplômée de psychologie du travail a pris le poste de responsable de formation dans cette antenne d'un grand organisme de formation il y a dix ans.

A cette époque, la région connait une forte embellie, portée par les entreprises du textile, principale source d'emplois du territoire.

Dans ce contexte, la politique de l'organisme met prioritairement l'accent sur l'acquisition des compétences techniques. Les stagiaires n'ayant aucun mal à trouver du travail.

… Sous les effets de la crise, le chômage s'installe petit à petit et avec lui la fragilité des personnes ayant perdu leurs emplois. Depuis, les ateliers s'enchainent les uns après les autres. Tandis que le taux de placement est loin des résultats antérieurement obtenus.

Plusieurs fois par jour, Raphie accueille des personnes en colère, agressives, en larmes ; certaines alcoolisées, d'autres à cran, affligées par des soucis. Toutes, venues lui conter leur misère. Raphie est très humaine et prête généreusement son oreille attentive à ces gens en détresse, dont la plupart lui sont attachés. Elle tente de les conseiller de son mieux, mobilisant tous ses réseaux pour les aider…

Elle a l'air si fatiguée ! Les dossiers s'empilent sur son bureau. Ce qui entrave le directeur de l'établissement dans l'avancée de son travail. Ce jour-là, ce dernier entre brusquement dans le bureau de Raphie :

— *Tu ne m'as toujours pas transmis ton bilan ! Je ne suis pas content. Que t'arrive-t-il ?*
— *Je suis juste débordée.*
— *Débordée par quoi ? Comment oses-tu dire cela, alors que ton travail est en retard ?*
— *Je manque de temps, avec tous ces gens désespérés qui défilent ici...*
— *Je ne te paye pas pour ça ! J'attends donc ce bilan !*

***

Raphie ne comprend pas la réaction de Janvier qu'elle qualifie d'inhumaine. Elle se sent incomprise. Aux dires de l'équipe, elle est devenue une source de stress. Elle arrive le matin toute excitée et finit la journée dans le même état. Alternant panique, euphorie, colère, tristesse. Ils ont du mal à la suivre.

— *Vous comprenez* me dit-elle. *Il me semble important d'aider ces gens. Je sais à quel point le chômage peut détruire quelqu'un...*
— *Je comprends, mais pas au détriment de votre travail tout de même. Vous risquez de finir comme eux à cette allure.*
— *Je ne peux m'empêcher, je suis comme ça.*
— *A votre place, je réfléchirais bien.*

Des jours plus tard,

— J'aimerais qu'on en reparle. J'ai encore subi les foudres de Janvier et je crois que je n'ai plus le choix.

— Et qu'avez-vous l'intention de faire ?

— Ben, de fermer ma porte et de mettre un panneau informant les gens que je ne reçois plus.

— Et l'idée vous enchante ?

— Pas vraiment, mais je n'ai pas le choix.

— Ils sont tous inscrits à Pôle Emploi ?

— Oui. Mais les conseillers n'ont pas trop le temps de les écouter.

— Et vous, vous en avez ?

— Non, visiblement.

— Vous voyez ? Chacun fait ce qu'il peut, en essayant de ne pas scier la branche sur laquelle il est assis.

— Je vais donc leur expliquer ce qu'il en est de vive voix.

— Bien. Vous disiez tout à l'heure que les conseillers et assistants sociaux n'ont pas beaucoup de temps pour les écouter. Dans ce cas, si vous voulez réellement les aider, apprenez-leur à faire en sorte d'être écoutés.

— Comment ?

— Par exemple en leur enseignant à bien présenter leur situation et leurs besoins, comment être factuels et plus percutants dans leur communication. Ainsi, ils bénéficieront d'une meilleure attention de leur part.

***

… Les deux semaines suivantes, quelques récalcitrants s'aventurèrent agressifs, réclamant Raphie, disant qu'elle sait mieux les écouter.

Elle leur expliqua encore une fois que cela la mettait en retard dans son travail et qu'elle risquait de perdre son emploi.

Ils s'en excusèrent. Depuis, le calme est revenu.

<u>**Le cas de M. Buson**</u>

En ce début d'année, Alexandre, Responsable qualité, informe la direction à sa demande, de ses besoins. Plus concrètement, l'embauche d'une personne de plus lui permettra de préparer le prochain audit dans de bonnes conditions.

Il insiste lourdement sur le niveau de compétences méthodologiques requis. La réponse de la direction tarde à arriver. A trois mois de l'audit, le directeur, M. Buson, vient fièrement lui annoncer la bonne nouvelle. Mais la joie d'Alexandre est de très courte durée !

La personne pressentie pour le poste est un jeune diplômé, fraichement sorti d'école. Il répond juste à deux critères : « forte motivation et goût pour le travail d'équipe ».

— Mais, il n'a pas les compétences dont j'ai urgemment besoin ! S'exclame Alexandre. Je ne cherche pas un commercial, mais un qualiticien ! Je dois tout lui apprendre à celui-là !

— Estimez-vous heureux que je vous l'aie trouvé. Il nous est fortement recommandé par FAGNAL qui a beaucoup insisté. C'est son fils. Vous savez bien que c'est un client important. Je ne pouvais refuser. Il est volontaire, sérieux et ne demande qu'à apprendre.

— Peut-être dans d'autres circonstances. Mais là, il ne me servira à rien ! Au contraire, il va me perdre du temps ! Je vous ai prévenu, il y a plus de huit mois de cela, sans manquer de vous le rappeler.

— Eh bien, nous n'avons pas eu le temps de nous en occuper. C'est lui ou rien.
— Dans ce cas, vous allez devoir le caser ailleurs.

***

… Depuis plusieurs semaines, Alexandre ne sourit plus et quitte le bureau de plus en plus tard. Il arrive, rentre dans son bureau et n'en ressort presque pas. Il a prévenu l'équipe production de sa charge de travail, demandant expressément d'éviter de le déranger. Ce qui n'arrange rien. Ils ont aussi besoin de lui. D'habitude disponible et zen, il se met de plus en plus en colère à la moindre sollicitation…

Ce lundi-là, Alexandre ne se présente pas au bureau. Absence suivie l'après-midi d'un arrêt de travail de deux semaines. Nous sommes à quinze jours de l'audit. L'entreprise est contrainte de reporter la date prévue.

Certains de ses clients attendaient impatiemment cette certification. Elle les perdit.

CE QU'IL FAUT RETENIR

1) Avoir le sens des priorités est une véritable source de sérénité et d'efficacité. Il vous donne les armes pour analyser et contrer les imprévus et toutes les demandes impromptues.

2) La notion d'urgence est fort relative. Les faits montrent par exemple, qu'il aurait suffi de rassurer le client que son besoin sera pris en charge rapidement et avec tout le sérieux possible dès le retour de la bonne personne.

3) Si votre collaborateur vous met dans l'embarras, le mieux c'est de prendre quelques minutes avec lui et d'étudier ensemble les alternatives méthodologiques pour gagner du temps, solutionner la difficulté, tout en maintenant la qualité du travail. Vous pouvez par exemple, croiser vos façons respectives de traiter les dossiers. Votre collaborateur sera certainement plus efficace et la situation plus instructive pour lui.

4) Savoir dire NON, c'est : a) se préserver et se respecter, b) s'affranchir de la pression et mettre fin à la manipulation, c) s'ouvrir vers plus de liberté, d'objectivité et de sérénité.

5) Pour être véritablement efficace, ayez des priorités et respectez-les. Anticipez vos actions et planifiez-les. Soyez sincères et proposez systématiquement une alternative lorsque vous dites NON.

Pour approfondir, lire aussi « Dirigeants, Managers, Collaborateurs, ces parasites qui vous nuisent au travail » Histoire des parasites 37 & 38 & 39.

LE MOT DE LA FIN

La grandeur se trouve là où il y a l'introspection. Puisse cet ouvrage vous accompagner dans vos remises en question !

Elisabeth MALEZIEUX-MBANA

www.ingramcontent.com/pod-product-compliance
Lightning Source LLC
Chambersburg PA
CBHW050322160726
48002CB00001B/144